本书出版受 2015 年教育部人文社会科学重点研究基地重大项目
（项目编号：15JJD790037）资助

INDETERMINACY
IN
DYNAMIC MODELS OF
MACROECONOMICS

宏观经济学动态模型的不决定性

齐 玲／著

社会科学文献出版社
SOCIAL SCIENCES ACADEMIC PRESS (CHINA)

前　言

宏观经济学动态模型中的不决定性是近20年被广泛关注和研究的问题。在数学上，这个问题是动态系统在稳态稳定的问题，而在经济模型中的动态系统里就表现为多重路径，虽然都收敛于稳态，但它们有不同的移行路径。在经济中就表现为地理与自然环境等都相似的国家会有不同的发展路径。早期的不决定性研究集中于两个部门，因为在两个部门的模型中，两个部门之间要素配置的不同会导致不决定性发生。近年来，研究者们发现一个部门的模型由于生产的外部性，也会产生不决定性。自此，关于一个部门的不决定性的研究就一直没有间断，但一个部门比两个部门更难产生不决定性均衡。

Jaimovich - Rebelo 模型使用一个特殊的效用函数来研究收入效应对闲暇需求的影响，也就是对劳动供给的影响，由此产生不决定性的问题。最近，有很多模型使用Jaimovich - Rebelo 模型中的效用函数（简称JR效用函数）来解决不决定性的问题。本书主要研究JR效用函数的凹性和模型中动态最优解的不唯一性等问题。笔者发现这一特殊的效用函数不是凹函数，因而动态系统的最优解不是唯一的。

而且由最优化的一阶条件所刻画的路径也不能保证是最佳路径。这一发现和证明在国际的相关研究中是最新的，而且所有的证明都是笔者的独创。

本书共五章。第一章总结了经济增长论中不决定性的文献。第二章综述了一个部门模型中的不决定性的文献。第三章研究了文献中 Jaimovich 和 Rebelo 给出的即时效用函数的凹的性质。第四章研究了多期间的效用函数的凹的性质。第五章证明了具有 JR 效用函数的动态模型不存在唯一的内部解。

本书是在 2015 年教育部人文社会科学重点研究基地重大项目（项目编号：15JJD790037）的支持下完成的。感谢中央财经大学中国精算研究院领导给予本书写作的支持，也感谢美国俄勒冈州立大学孟庆来教授所给予的大力支持。

中央财经大学中国精算研究院

齐玲

2017 年 4 月 4 日

Preface

Indeterminacy in macroeconomic dynamic models is a notable problem in recent two decades.

In mathematics, on the one hand, it is a problem of the stability of the dynamic systems, on the other hand, in economic growth models, it becomes the problem that there exist multiple paths with different transitions to convergent to the same steady state. In economy, it can be explained as follows: two countries with the same geographical and the same nature environment, but they may have different develop paths. Thus, with what conditions, indeterminacy can generate is an important research in literature of macroeconomics.

At the beginning of the research on this problem, it focus on two-sector models, because the different distribution pattern of the factors between the two sectors will cause indeterminacy. Since it was found in one-sector models that indeterminacy can happen in the model with increasing returns of scale technologies, the research on how to generate the indeterminacy has continued. However, it is more difficult to generate indeterminacy in the one-sector case than that have be done in the two-sector case.

The concavity of the utility function and the un-uniqueness of the solution to dynamic system in Jaimovich and Rebelo model. Jaimovich and Rebelo studied the effects of the income on leisure demand, and then the effects on labor supply with a special utility function. Recently, there are some papers using this utility function to analyze the indeterminacy in the one-sector model. I found that this utility is not concave, then the optimal solutions to the dynamic system are not unique. The proofs in the three chapters all proved by myself. This is very new in the study on the problem in the economic growth field.

This book includes five chapters. Chapter 1 is an overview on literature of indeterminacy, Chapter 2 is an overview on indeterminacy in one-sector models. Chapter 3 studies the concavity of instantaneous utility function in Jaimovich and Rebelo (2009). Chapter 4 studies the concavity of the utility function in multiple periods, Chapter 5 proves there exists no unique optimal solution to the dynamic system in Jaimovich and Rebelo.

This book was supported by the MOE Project of Key Research Institute of Humanities and Social Science in Universities 15JJD790037 of the Ministry of Education of the Peoples' Republic of China. I also appreciate the leadership of our institute for their support on writing of this book.

Ling Qi

China Institute for Actuarial Science

Central University of Finance and Economics

April 4, 2017

目 录

第一章 经济增长论模型中的不决定性 …………………… 001
  一 关于 Lucus 模型的不决定性 …………………… 002
  二 关于 Romer 模型的不决定性 …………………… 004
  三 关于离散时间模型中均衡的不决定性 …………… 006

第二章 一个部门模型的不决定性研究 …………………… 008
  一 产生不决定性的条件 ……………………………… 011
  二 效用函数的凹性与不决定性之间的关系 ………… 040
  三 JR 效用函数 ……………………………………… 055
  四 一个部门不决定性的其他研究 …………………… 059

第三章 JR 效用函数的凹性 ……………………………… 082
  一 JR 模型的设定 …………………………………… 083
  二 JR 效用函数的凹性研究 ………………………… 086

第四章 多期间效用函数的凹性 …………………………… 127
  一 多期间效用函数关于 t 期消费的二阶偏导及凹性 … 128
  二 其他的二阶偏导及凹性 …………………………… 140

第五章　动态系统中内部解的唯一性……………………… 145

总　结……………………………………………………… 151

附　录……………………………………………………… 153
　一　连续时间问题………………………………… 153
　二　最大原理……………………………………… 155
　三　离散时间模型的最优控制…………………… 158

参考文献…………………………………………………… 168

CONTENTS

Chapter 1 Indeterminacy in the Models of Economic Growth / 001
1. Indeterminacy in Lucas' Model / 002
2. Indeterminacy in Romer's Model / 004
3. Indeterminacy of the Equilibria in the Discrete Time Models / 006

Chapter 2 The Studies on Indeterminacy in the One-Sector Models / 008
1. The Conditions for Indeterminacy / 011
2. The Relationship between the Concavity of the Utility Function and Indeterminacy / 040
3. JR Utility Function / 055
4. The Other Studies on Indeterminacy of One-Sector Models / 059

Chapter 3 The Concavity of JR Utility Function / 082
1. The Formulation of the JR Model / 083
2. The Study on the Concavity of the JR Utility Function / 086

Chapter 4 The Concavity of the Utility Function for Multiple Periods / 127

1. The Second Partial Derivative and the Concavity of the Utility Function of Multiple Periods with Respect to the Consumption of Time t / 128
2. The Other Second Partial Derivatives and the Concavity of the Utility Function of Multiple Periods / 140

Chapter 5 The Uniqueness of the Interior Paths in the Dynamic System of the JR Model / 145

Conclusions / 151

Appendix / 153

1. Problems of Continuous Time Models / 153
2. The Maximum Principle / 155
3. The Optimal Control in the Discrete Time Models / 158

References / 168

第一章
经济增长论模型中的不决定性

  为什么在相似的经济基础、相似的地理与自然环境的条件下，有的国家经济能够突飞猛进地发展，有的国家却停滞不前甚至越来越差？到底是什么因素促进了经济发展，到底有哪些因素造成了发展的不均衡？很多经济学者试图用数理经济学的方法去说明这一问题，那就是动态均衡的不决定性（indeterminacy），使用这一理论可以去说明这样的经济现象。而关于这方面的研究也可以应用到我国的经济分析中，去说明经济发展不均衡的问题，并促使我们去探讨怎样才能促进发展缓慢地区经济发展。

  在经济学家们提出内生经济增长论之前，经济增长论的研究局限于将经济增长看作不由经济本身所决定，而是外生因素所致。主要限于以下三个方面的研究：一是劳动人口的持久性增长造成了经济的增长；二是生产产品的水平和经济增长率在各国之间的趋异现象；三是生产商品的水平和经济增长率在先进国家之间的趋同现象。在20世纪80年代末，人们认识到经济增长并非外来因素决定的，而是经济主体自身的最佳选择。由此产生了内生经济增长论。归纳起来，造成内生经济增长的因素主要有两个：一是技术的革新和开发，及在生产中的学习与改进而推动的知识积累；二是包括人力资本的资本积累造成外部经济，产生技术进步和规模报酬递增。

随着内生经济增长论的发展，近20年来对多重均衡及均衡的不决定性的研究引起了经济学者的极大关注。随着内生经济增长论的两个著名模型，Lucus（1988）的人力资本模型和Romer（1986）的技术革新与发明模型被广泛研究和应用，人们发现这些模型中都可能产生不决定性（indeterninary）均衡。继而，经济学者又给出了更容易产生这种不决定性均衡的改善了的模型和产生不决定性均衡的条件。

在均衡增长的情况下，从同一资本初始禀赋出发，资本的增长可能趋于不同的均衡点，即以不同的增长率增长，也有可能趋于同一均衡点，以同一增长率增长，但资本与消费水平大不相同。这种经济增长的可能性被称为均衡的不决定性。这方面的研究可以解释这样一个问题：为什么地理条件、自然环境及初始禀赋都大致相同的国家却沿着不同的方向发展？为什么有的会突飞猛进地发展成为较先进国家，有的却停滞不前、贫穷落后？这和一个国家采取什么样的经济政策有很大关系。一个有效的经济政策可以使一个国家在很短的时间内迈入先进国家行列，而不当的经济政策也会使一个国家的经济停滞不前甚至走到崩溃的边缘。那么，产生这种不决定性的原因是什么呢？本章将从几个方面来分析和介绍。

一 关于 Lucus 模型的不决定性

Benhabib 和 Perli（1994）的论文首先指出了在 Lucus 内生经济增长模型中，当各种常数属于某个特定集合时，存在着多重均衡，而且存在着不决定性。但是，不决定性的存在需要不同时期消费之间具有很强的边际替代弹性，而且要求有较大的贴现率。本书通过在原模型中引入内生的劳动供给及在效用函数中引入闲暇，减弱了对消费边际替代弹性的要求。产生多重均衡和不决定性的原因是因为劳动在各部门之间的分配不同。在原来的模型中，如果分配到人力资本生产部门的劳动多了，用于消费品生产的劳动就少了，从而影响消费。消费的变化要产生不决定性，就要求不同时期消费之间具有很强的替代弹性。而在改进的模型中，分配到人力资本生产部门的劳动多了，只是减少了闲暇，并不影响消费商品的生产。但是因为在效用函数中加进新的变量而使模型变得比较复杂，难以得到解析解，只能采取数值解法。另外，为了产生不决定性，不同时期的劳动供给替代弹性与人力资本生产部门劳动的外部性之间存在两难冲突。因为两个部门之间存在着劳动分配的敏感性，要产生不决定性就需要很高的劳动替代弹性和劳动的外部性。

Benhabib 和 Farmer (1996) 又将模型改进为考虑两个部门——消费商品和投资商品部门的模型。除了对整个经济来说存在资本投入的外部性以外，各个部门内部也存在资本投入的外部性。各个部门特有的外部性减弱了为产生不决定性而对整个经济的外部性所做的要求。

Xie (1994) 在 Lucas 模型中引进常数的一个特殊值，使模型得到解析解。他认为若商品生产中人力资本的外部性充分大，从动态系统中可以得到明确的解析解，而且证明了收敛于均衡的路径有无限多个，从而得到结论，如果用于人力资本生产的劳动的初始值充分大的话，发展中国家也会在某一时刻超越发达国家。

Bound、Wang 和 Yip（1996）的论文扩展了 Lucas 模型，考虑两个部门都使用规模报酬不变技术，其中一个部门使用人力资本和物力资本生产一种既可以用于物力资本的下一期投资又可以消费的商品；而另一部门则生产人力资本。根据国际贸易理论的要素集约性、Stolper – Samuelson 定理及 Rybczynski 定理，可以把动态变动解析地表示出来。论文证明了无论要素的集约性如何，动态系统都是鞍点稳定的。论文还分析了价格的变动及调整，得到以下结论：如果人力资本生产部门是物力资本集约的话，价格调整过程是不稳定的，价格一下子就达到均衡价格。如果实行数量调整的话，这个调整过程是鞍点稳定的。而人力资本生产部门是人力资本集约的话，价格调整过程就是稳定的。

Benhabib、Meng 和 Nishimura（2000）的论文考虑了两种商品的模型。其中一种商品作为消费商品，也可以用来投资，而另一商品仅用于投资。两种商品都由外部经济的技术生产，但是整个社会的生产函数是规模报酬不变的。论文证明了如果可以用于消费的商品的生产对于企业来说是资本集约型的，而对于社会的生产来说是劳动集约型的话，这个动态系统的均齐增长路径（balanced growth path）就具有不决定性。

二 关于 Romer 模型的不决定性

Romer（1986）给出了发明与技术革新的模型，并指出发明和技术革新使得经济增长。Benhabib 和 Farmer（1994）考虑在模型中加入劳动的内生供给。最终产品是无限个中间产品由规模报酬不变的生产技术生产而来的。而中间产品则是由规模报酬递增的生产技术、投入资本和劳动而生产的。消费者消费商品和闲暇得到效用。论文分别讨论了中间产品的生产技术由于具有外部性而成为规模报酬递增的情况及中间产品由垄断的竞争而生产的情况。论文得到了以下结论：不决定性的存在需要很强的条件，即需要劳动需求曲线是上升的这样强的条件。

Benhabib、Perli（1994）和 Xie（1994）的论文证明了在 Romer 模型中投入的中间产品之间存在某种程度的互补性的话，则不决定性存在。而且证明了如果最终产品的投入之间不存在互补性的话，则不决定性不存在。模型中生产要素为人力资本、物力资本与劳动。研究部门使用人力资本和知识进行设计。垄断的竞争企业将设计和物力资本作为投入来生产中间产品。消费者消费最终产品而得到效用。论文又进一步扩展了原模型，考虑了人力资本与劳动不是外生变量而是由经济生产出来的情况。在这种情况下，由数值近似计算得到有不决定性存在的结果。更进一步，当人力资本的生产有外部性存在时，存在着两个均齐增长路径（BGP），最终无法决定经济趋向于哪个路径，所以产生不决定性。这与在此之前的文献的结果不同，以前的结果是经济趋向于统一路径，最终以相同的增长率增长，只不过消费与投资的水平有所不同罢了。而这一篇论文却得到经济最终以什么比率增长尚且不能确定的结论。

Benhabib 和 Rustichini（1994）把 Benhabib 和 Farmer（1994）、Xie（1994）、Benhabib 和 Perli（1994）等的各种关于产生不决定性的条件的论文集中在一个框架里去讨论，从而找出产生不决定性的原因。论文得到这样的结果：由外部性和规模报酬递增，也就是垄断的竞争而产生不决定性的机制没有本质上的区别。论文还给出例子来说明规模报酬递增并不是产生不决定性的根本原因。

三　关于离散时间模型中均衡的不决定性

Kehoe、Levine 和 Romer（1992）采用把外部效应和税收存在的情况下的一般均衡模型的均衡解作为最优化问题的解来刻画的方法。在税收、外部效应不存在的情况下，分散经济的最优化问题与中心计划问题的最优解是一致的。但是外部效应或税收存在的话，两个问题的解就不再相同。为了使计算复杂的一般均衡的解可以用帕累托最优化问题的解来表示，论文给出了一个将一般均衡问题转化为帕累托最优化问题的方法。在帕累托最优化问题中加入一个外生变量及有关条件。由此而得到的最优化问题的解是这个外生变量的函数，再由不动点定理，得到一般均衡的解。论文分析多重均衡产生的原因而得到结论：并非帕累托最优化问题的解不唯一，而是在由不动点定理求解一般均衡解时，多数不动点存在而导致均衡解的不唯一性，即存在多重均衡。这种在帕累托最优化问题与一般均衡问题的解不相同的情况下，通过引进外生变量和条件使得可以由求改进了的帕累托最优化问题的解和不动点而得到一般均衡解的方法被广泛应用于外部效应存在的离散时间的经济增长模型中。

Benhabib 和 Rustichini（1994）考虑了离散时间的经济增长模型，进行了关于一般均衡的不决定性分析。一般均衡的不决定性是指这样的情况：从同样的初始状态出发存在无限个均衡路径，而且这些均衡路径都收敛于同一稳态点（增长率为常数）。论文讨论了一个生产部门的情况，无论经济增长存在还是不存在，只有一个生产部门时一般是没有不决定性存在的。在这种情况下，只有当外部性存在时才会产生不决定性。而两个部门的情况不同，由于资本和劳动在两个部门的不同配置和外部性而产生不决定性。假设两个部门为消费商品和投资商品生产部门。如果资本关于两个部门或其中一个部门存在外部性的话，当经济增长不存在时，稳态点附近有连续无限个均衡存在，而且都收敛于稳态点。当经济增长存在时，有连续无限个以与稳态点相近的增长率增长的均衡解，最后这些均衡解的增长率都收敛于稳态点的增长率。

无论是在连续时间还是在离散时间的经济增长模型中，生产的外部经济性和人力资本的外部经济性都是产生均衡的不决定性的原因。从同一初始状态出发，也就是资本初始禀赋水平相同的国家或地区最后可能逐渐地以相同的增长率增长，但是消费水平和投资水平会完全不同，甚至可能最后也不以同一增长率增长。研究这一理论对于我国经济来说也是很重要的。

因为我们国家正处于高速发展阶段，研究怎样继续发展至关重要。由于产生不决定性的原因很多在于外部效应，因此经济政策的制定就是很重要的。特别是我们国家的经济发展还很不平衡，有些资源同样不很丰富的地区能取得大的发展，有的却不能。怎样才能使那些经济还不够发达的地区得到均衡发展是一个值得我们研究的问题。

第二章
一个部门模型的不决定性研究

第一章叙述了国际上宏观经济学的理论研究领域不决定性研究的起源和发展。初始的这方面研究多集中于两个部门的外部性的研究。两个部门的生产之间资本、劳动或人力资本投入的不同造成不决定性。由于研究者们认为不决定性在规模报酬递增或外部性存在的情况下才会产生，因此一个部门的模型要比两个部门的模型更不容易产生不决定性。本章和以后的各章都集中于一个部门的不决定性的研究。

不决定性在经济上被解释为从相同的经济状态下出发，经济会选择不同的发展路径，在没有经济增长时，不同路径最终收敛于同一个稳态，如果有经济增长时，不同路径最终收敛于同一经济增长率。在数学上这些不同的路径会被连续测度，形成多样体。在一个部门的模型中，不决定性可转化为更为简单的数学问题，那就是动态系统是稳定的。一个部门的动态模型只存在两个微分方程系统。动态系统是稳定的，用更简单和确切的话来说，就是动态系统的特征方程有两个负根。关于这方面的研究文献都集中在怎样使动态系统的特征方程存在两个负根的问题上。

在数学中，特征方程有两个负根就要求两个根的乘积为正，而两个根的和为负。而在特征方程中，常数项为两个根的乘积，它同时也是动态系统的雅克比矩阵的行列式值，而特征方程的一次项的系数为两个根的和的负数，它同时也是动态系统的雅克比矩阵的迹的负数，也就是说，两个根的和为雅克比矩阵的迹，应该为负，而两个根的乘积应为雅克比矩阵行列式的值，应为正。那么，验证动态系统是不是不决定性的问题，就转变为验证雅克比矩阵的迹是否为负、行列式值是否为正的问题。

那么，在一个部门的模型中，怎样才能达到对有动态系统的雅克比矩阵的这些要求呢？

外部性是关键性因素，但其也和在消费者的效用函数中引入了闲暇的效用有着不可分的关系。在效用函数中引入闲暇的效用以后，就产生了弹性的劳动供给。以前的大部分经济增长论的研究为了简化模型，都假设劳动供给是非弹性的，改进这一假设，再加上生产的外部性会达到对有系统的雅克比矩阵的这些要求，因而会产生不决定性。

本章介绍最新的有关一个部门的不决定性的文献，包括这方面研究的最主要的文献。Benhabib 和 Farmer（1994）研究了一个部门的不决定性问题，当存在外部性时规模报酬递增的情况会产生，因而才有产生不决定性的可能。这篇论文讨论了规模报酬递增和外部性的作用是相同的，那么不决定性就可以用外部性的模型来解。因为求解垄断的竞争只能用均衡的方法，而对于外部性的问题，因为企业所面对的生产函数是规模报酬不变的，可以用帕累托最优化来解，从而简化了模型的求解。文章最后得到产生不决定性的条件：在消费不变的情况下，劳动需求曲线斜率为正，且在均衡时大于劳动供给曲线的斜率。

在正常情况下，劳动需求曲线的斜率应该是负的，也就是说向右下方倾斜的，而向右上方倾斜要求外部性或生产规模报酬递增的程度很高，超出了美国实际数据中的生产规模报酬递增的程度。因而，寻求其他的不决定性产生的条件就成了后面一个部门模型的不决定性问题的目标。Bennet 和 Farmer（2000）指出，减弱对不决定性产生的规模报酬递增要求和对劳动供给曲线与劳动需求曲线的斜率要求的关键是使用在消费和闲暇的效用之间不可分离的效用函数。因为使用任何可分离的效用函数都达不到改善条件的目的。他们使用了在闲暇和消费之间不可分离的效用函数得到了产生不决定性的条件：Frisch 劳动供给曲线是向右下方倾斜的，而且同样是向右下方倾斜的劳动需求曲线的斜率比劳动供给曲线的斜率要小。Frisch 劳动供给曲线被定义为消费的边际效用固定时的劳动的供给。而 Hitermaier（2003）证明，如果效用函数关于消费和闲暇是凹函数的话，Frisch 劳动供给曲线就不会是向右下方倾斜的。Jaimovich（2008）提出了一个新的在消费与闲暇之间不可分离的效用函数，被称为 JR 效用函数。这个效用函数的关键是劳动供给的收入效应是随时间而变的，在模拟研究中得到过大的收入效应和过小的收入效应对产生不决定性都不适合，因为这一变动的收入效应会影响产生不决定性的条件。本书后面的章节，将研究 JR 效用函数的凹性。在这一章还详细介绍了与 JR 效用函数相近的关于习惯研究的 Aloso-Carrera 等（2005）和 Nourry 等（2013）的论文。他们使用的效用函数都与 Jaimovich-Rebelo 模型中的效用函数接近。本章还介绍了使用另一研究方法来研究劳动供给曲线的论文，Nakajima（2006）研究了不决定性与失业保险之间的关系，证明了失业保险的程度越小，越容易产生不决定性。在这些文献的综述中，作者加上了自己的详细计算和说明。

一 产生不决定性的条件

Benhabib 和 Farmer（1994）首先说明了生产的规模报酬递增可以转化成生产的外部性来解。他们研究了两个模型，一个为外部性模型，另一个是垄断竞争模型。文中说明了两个不同的模型，在均衡时可由同一生产函数表示。然后，根据求解生产的外部性模型给出了不决定性存在的必要条件。

设总计的生产函数为：

$$Y = K^{\alpha} N^{\beta}, \quad \alpha, \beta > 0; \alpha + \beta > 1 \qquad (2-1)$$

即生产是规模报酬递增的。

而要素市场是完全竞争的，因而有

$$w = \frac{bY}{N}$$

$$r = \frac{aY}{K}$$

其中，$a + b = 1$，这里，w 表示工资率，而 r 表示利息率。

（一）外部性模型

$$Y = K^a N^b (\bar{K}^{a\theta_1} \bar{N}^{b\theta_2})$$

其中，$\bar{K}$ 和 $\bar{N}$ 分别表示整个经济中的资本和劳动的平均水平。括号中的项 $\overline{K}^{a\theta_1}\overline{N}^{b\theta_2}$ 表示生产的外部性。它表示由于其他企业的生产会对这个企业产生正的影响,如生产经验的泄露等。各企业面对规模报酬不变的生产函数,而整个经济的生产对各企业有着外部性。在均衡时,$K = \overline{K}$,$N = \overline{N}$,而且,$\alpha = a(1 + \theta_1)$,$\beta = b(1 + \theta_2)$,就得到 $Y = K^{\alpha}N^{\beta}$ 的生产函数。

(二)垄断竞争模型

设个人的企业使用类似于 Dixit 和 Stiglitz(1977)使用的技术。存在一个连续的中间产品 $Y(i)$,$i \in [0, 1]$。最终产出为:

$$Y = \left[\int_0^1 Y(i)^{\lambda} di\right]^{\frac{1}{\lambda}}$$

其中,$\lambda \in (0, 1)$。这里,生产函数是规模报酬不变的。最终产品是由测度为 1 的无限个不同的中间产品生产出来的,而这无限个中间产品的生产则是垄断竞争的。

最终产品的生产部门是完全竞争的。若 $P(i)$ 是第 i 个中间产品依据最终产品确定的价格,则最终产品生产者的利润为:

$$\Pi = Y - \int_0^1 P(i)Y(i)di \qquad (2-2)$$

由利润最大化的一阶条件:

$$\frac{1}{\lambda}\left[\int_0^1 Y(i)^{\lambda}di\right]^{\frac{1}{\lambda}-1}\lambda Y(i)^{\lambda-1} - P(i) = 0$$

经过整理,得到:

$$P(i) = \left[\int_0^1 Y(i)^{\lambda}di\right]^{\frac{1}{\lambda}-1}Y(i)^{\lambda-1}$$

$$= \left[\int_0^1 Y(i)^\lambda \mathrm{d}i\right]^{\frac{1-\lambda}{\lambda}} Y(i)^{\lambda-1}$$

$$= Y^{1-\lambda} Y(i)^{\lambda-1}$$

从中解出 $Y(i)$，得到：

$$Y(i) = P(i)^{\frac{1}{\lambda-1}} Y \qquad (2-3)$$

设中间产品 i 的生产技术为：

$$Y(i) = K(i)^\alpha N(i)^\beta \qquad (2-4)$$

其中，$\alpha + \beta > 1$。为了简化，设中间产品的生产具有对称性，即每个中间产品都由相同的技术而生产。

第 i 个中间产品的生产者的利润函数表示为：

$$\Pi(i) = P(i)Y(i) - wN(i) - rK(i) \qquad (2-5)$$

在式（2-3）中求出 $P(i)$：

$$P(i)^{\frac{1}{\lambda-1}} = \frac{Y(i)}{Y}$$

$$P(i) = \frac{Y(i)^{\lambda-1}}{Y^{\lambda-1}}$$

把这一结果代入式（2-5）中，得到：

$$\Pi(i) = \frac{Y(i)^{\lambda-1}}{Y^{\lambda-1}} Y(i) - wN(i) - rK(i)$$

$$= \frac{Y(i)^\lambda}{Y^{\lambda-1}} - wN(i) - rK(i) \qquad (2-6)$$

假设中间产品的生产者是垄断竞争者，且我们掌握每个生产者的垄断度，用参数 λ 来表示。当 $\lambda = 1$ 时，中间产品在最终产品的生产中是完全替代的，而且在这种情况下，中间产品的生产者面对完全弹性的需求曲线。在式（2-6）

中代入中间产品的生产函数，得到：

$$\Pi(i) = Y^{1-\lambda} N(i)^{\beta\lambda} K(i)^{\alpha\lambda} - wN(i) - rK(i) \quad (2-7)$$

当且仅当 $\lambda(\alpha+\beta) \leq 1$ 时，利润函数是凹的。

最大化式（2-7）得到以下一阶条件：

$$\frac{\lambda\alpha Y(i)P(i)}{K(i)} = r \quad (2-8)$$

$$\frac{\lambda\beta Y(i)P(i)}{N(i)} = w \quad (2-9)$$

为了从这个垄断竞争的模型中得到总计的技术（2-1），设 $a = \lambda\alpha$，$b = \lambda\beta$。

由于我们假设了对称性，我们寻找一个解，其中，$N(i) = N$，$K(i) = K$，$P(i) = \bar{P}$。最终产品部门是完全竞争的假设，就意味着利润是零：

$$\Pi = Y - \int_0^1 \bar{P} Y(i) \mathrm{d}i = 0 \quad (2-10)$$

在式（2-10）中使用中间产品的需求函数式（2-3）——$Y(i) = \bar{P}^{\frac{1}{\lambda-1}} Y$，得到条件：

$$Y - \int_0^1 \bar{P}^{1+\frac{1}{\lambda-1}} Y \mathrm{d}i = 0 \quad (2-11)$$

$$P(i) = \bar{P} = 1$$

使用对称假设，把 $N(i) = N$，$K(i) = K$ 代入最终产品的生产函数中，就可以把总计最终产出表示为：

$$Y = \int_0^1 [K^{\alpha\lambda} N^{\beta\lambda}]^{\frac{1}{\lambda}} \mathrm{d}i$$

$$= K^\alpha N^\beta \quad (2-12)$$

值得注意的是，式（2-12）与式（2-1）是完全相同的。也就是说，垄断竞争与外部性是相同的。在式（2-6）的两边对 i 积分，得到：

$$\int_0^1 [\Pi(i) + wN(i) + rK(i)] \mathrm{d}i$$

$$= Y^{1-\lambda} \int_0^1 K^{\alpha\lambda} N^{\beta\lambda} \mathrm{d}i$$

$$= Y^{1-\lambda} Y^{\lambda} = Y \qquad (2-13)$$

（三）消费者的问题和市场均衡

设消费者的即时效用为：

$$U = \ln C(t) - \frac{N^{1-\chi}}{1-\chi} \qquad (2-14)$$

C 为消费，N 为劳动供给，$\chi \leqslant 0$。消费的对数是与稳态劳动供给相一致的在经济增长中唯一偏好的定式化形式。由于闲暇等于消费者拥有的总的时间减去劳动的时间，所以效用函数关于劳动的效用是负的，就是因为它是关于闲暇的效用，劳动的投入越多，闲暇就越少。

消费者效用最大化问题为：

$$\int_0^\infty [\ln C(t) - \frac{N(t)^{1-\chi}}{1-\chi}] e^{-\rho t} \mathrm{d}t \qquad (2-15)$$

s.t. $\dot{K}(t) = [r(t) - \delta] K(t) + w(t) N(t) + \Pi_T(t) - C(t)$

$$(2-16)$$

$$K(0) = K_0$$

其中，$\Pi_T(t)$ 是合作部门所得的总利润。由式（2-13）可得：

$$\Pi_T(t) + r(t)K(t) + w(t)N(t) = Y(t) \qquad (2-17)$$

设消费者最优化问题的哈密尔顿函数为：

$$\ln C(t) - \frac{N(t)^{1-\chi}}{1-\chi} + \lambda\{[r(t) - \delta]K(t) + w(t)N(t) + \Pi_T(t) - C(t)\}$$

由最大值原理，得到关于 $C(t)$ 的一阶条件：

$$\frac{1}{C(t)} = \lambda$$

同时得到关于 $N(t)$ 的一阶条件：

$$-N(t)^{-\chi} + \lambda w(t) = 0$$

即

$$w(t) = \frac{N(t)^{-\chi}}{\lambda} = \frac{C(t)}{N(t)^{\chi}} \qquad (2-18)$$

由最大值原理，得到：

$$\dot{\lambda} = -\lambda r(t) + \delta\lambda + \rho\lambda$$

上式两边同除以 λ，得到：

$$\frac{\dot{\lambda}}{\lambda} = \delta + \rho - r(t) \qquad (2-19)$$

对关于 $C(t)$ 的一阶条件得到的等式的两边关于时间 t 求导，得到：

$$\frac{-\dot{C}(t)}{C(t)^2} = \dot{\lambda}$$

把关于 $C(t)$ 的一阶条件代入上式，得到：

$$\frac{-\dot{C}(t)}{C(t)}\lambda = \dot{\lambda}$$

整理之后，得到：

$$\frac{\dot{C}(t)}{C(t)} = -\frac{\dot{\lambda}}{\lambda}$$

再把它代入式（2-19），得到：

$$\frac{\dot{C}(t)}{C(t)} = r(t) - \rho - \delta \qquad (2-20)$$

在两种组织结构中，工资和资本的租金率将与劳动和资本的平均产出成比例，使用这一事实，我们在一阶条件中消掉 w 和 r，得到下列两个表达式：

$$\frac{C(t)}{N(t)^x} = w(t) = \frac{bY(t)}{N(t)} \qquad (2-21)$$

$$r(t) = a\frac{Y(t)}{K(t)} \qquad (2-22)$$

把式（2-22）代入式（2-20）中，得到：

$$\frac{\dot{C}(t)}{C(t)} = a\frac{Y(t)}{K(t)} - \rho - \delta \qquad (2-23)$$

而由式（2-21），得到：

$$C(t) = bY(t)N(t)^{x-1} \qquad (2-24)$$

方程（2-16）、（2-19）和（2-23）给出了经济的均衡增长动态，还需要横截条件：

$$\lim_{t \to \infty} e^{-\rho t}\frac{K(t)}{C(t)} = 0$$

即

$$\lim_{t \to \infty} \lambda(t) K(t) = 0$$

其中，$\lambda(t) = \dfrac{e^{-\rho t}}{C(t)}$。

（四）动态分析

接下来进行下列变换。令 $y = \ln Y$，$k = \ln K$，$n = \ln N$，$c = \ln C$，代入新定义的变量，把式（2-16）和式（2-23）变为：

$$\dot{k} = e^{y-k} - e^{c-k} - \delta \qquad (2-25)$$

$$\dot{c} = a e^{y-k} - \rho - \delta \qquad (2-26)$$

在生产函数 $Y = K^\alpha N^\beta$ 的两边取对数，把上式变为：

$$\ln Y = \alpha \ln K + \beta \ln N$$

用上面变换后的变量去表示，得到：

$$y = \alpha k + \beta n \qquad (2-27)$$

在最优劳动供给的一阶条件——式（2-24）两边取对数，得到：

$$\ln C = \ln b + \ln Y + (\chi - 1) \ln N$$

将变换后的新变量代入，得到：

$$c = \ln b + y + (\chi - 1) n \qquad (2-28)$$

由式（2-27）可得：

$$n = \frac{y - \alpha k}{\beta}$$

将上式代入式（2-28），得到：

$$c = \ln b + y + (\chi - 1)\frac{(y - \alpha k)}{\beta}$$

经过整理，提出 $y - k$，得到：

$$\left(1 + \frac{\chi - 1}{\beta}\right)(y - k) = c - \ln b - \left[1 + \frac{(1-\alpha)(\chi-1)}{\beta}\right]k$$

求解 $y - k$，可得：

$$y - k = \frac{\beta c}{\beta + \chi - 1} - \frac{\beta \ln b}{\beta + \chi - 1} - \frac{\beta + (1-\alpha)(\chi - 1)}{\beta + \chi - 1}k$$

令

$$\lambda_0 = -\frac{\ln b}{\beta + \chi - 1},\ \lambda_1 = -\frac{\beta + (1-\alpha)(\chi - 1)}{\beta + \chi - 1},\ \lambda_2 = \frac{\beta}{\beta + \chi - 1}$$

代入式（2-25）和式（2-26），得到：

$$\dot{k} = e^{\lambda_0 + \lambda_1 k + \lambda_2 c} - e^{c-k} - \delta \qquad (2-29)$$

$$\dot{c} = a e^{\lambda_0 + \lambda_1 k + \lambda_2 c} - \rho - \delta \qquad (2-30)$$

运动方程（2-29）、（2-30）的任意服从 $k(0) = k_0$ 和横截条件的解 $\{k(t), c(t)\}$ 都是一个均衡路径。由于服从横截条件，就应该有：

$$\ln \Lambda + \ln K = -\rho t - \ln C + k = -\rho t - c(t) + k(t) \to -\infty$$

（五）稳态附近的动态

在我们模型的假设下，系统（2-29）和（2-30）有一个唯一的内部稳态 $\{k^*, c^*\}$。求解式（2-29）和式（2-30），从式（2-30）得到：

$$a e^{\lambda_0 + \lambda_1 k + \lambda_2 c} = \rho + \delta \qquad (2-31)$$

$$e^{\lambda_0 + \lambda_1 k + \lambda_2 c} = \frac{\rho + \delta}{a}$$

将上式代入式（2-29），得到：

$$\frac{\rho + \delta}{a} - \delta - e^{c-k} = 0$$

整理上式得到：

$$e^{c-k} = \frac{\rho + \delta(1-a)}{a}$$

上式两边同乘以 e^k，得到：

$$e^c = \frac{\rho + \delta(1-a)}{a} e^k$$

把上式代入式（2-31）中，得到：

$$e^{\lambda_0 + \lambda_1 k + \lambda_2 c} = e^{\lambda_0} \cdot e^{\lambda_1 k} \cdot e^{\lambda_2 c} = e^{\lambda_0} \cdot e^{\lambda_1 k} \left[\frac{\rho + \delta(1-a)}{a} e^k\right]^{\lambda_2} = \frac{\rho + \delta}{a}$$

经过整理，把含有 k 和常数项的分离出来，得到：

$$e^{(\lambda_1 + \lambda_2)k^*} = \frac{\rho + \delta}{a} e^{-\lambda_0} \left[\frac{\rho + \delta(1-a)}{a}\right]^{-\lambda_2} \quad (2-32)$$

$$e^{c^*} = \frac{\rho + \delta(1-a)}{a} e^{k^*} \quad (2-33)$$

对式（2-32）两边取对数，得到：

$$(\lambda_1 + \lambda_2)k^* = \ln\frac{\rho + \delta}{a} - \lambda_0 - \lambda_2 \ln\left[\frac{\rho + \delta(1-a)}{a}\right]$$

再解出 k^* 来，得到：

$$k^* = \frac{1}{\lambda_1 + \lambda_2} \ln\frac{\rho + \delta}{a} - \frac{\lambda_0}{\lambda_1 + \lambda_2} - \frac{\lambda_2}{\lambda_1 + \lambda_2} \ln\left[\frac{\rho + \delta(1-a)}{a}\right]$$

$$(2-34)$$

对式（2-33）两边取对数，得到：

$$c^* = k^* + \ln\left[\frac{\rho + \delta(1-a)}{a}\right]$$

在式（2-29）的两边关于 k 求偏导，得到：

$$\frac{\partial \dot{k}}{\partial k} = \lambda_1 e^{\lambda_0 + \lambda_1 k + \lambda_2 c} + e^{c-k} = \lambda_1 \frac{\rho + \delta}{a} + \frac{\rho + \delta(1-a)}{a}$$

在式（2-29）的两边关于 c 求偏导，得到：

$$\frac{\partial \dot{k}}{\partial c} = \lambda_2 e^{\lambda_0 + \lambda_1 k + \lambda_2 c} - e^{c-k} = \lambda_2 \frac{\rho + \delta}{a} - \frac{\rho + \delta(1-a)}{a}$$

在式（2-30）的两边关于 k 求偏导，得到：

$$\frac{\partial \dot{c}}{\partial k} = a\lambda_1 e^{\lambda_0 + \lambda_1 k + \lambda_2 c} = \lambda_1(\rho + \delta)$$

在式（2-30）的两边关于 c 求偏导，得到：

$$\frac{\partial \dot{c}}{\partial c} = a\lambda_2 e^{\lambda_0 + \lambda_1 k + \lambda_2 c} = \lambda_2(\rho + \delta)$$

得到动态系统的特征行列式如下：

$$\begin{vmatrix} \lambda - \frac{\lambda_1(\rho+\delta)}{a} - \frac{\rho+\delta(1-a)}{a} & -\frac{\lambda_2(\rho+\delta)}{a} + \frac{\rho+\delta(1-a)}{a} \\ -\lambda_1(\rho+\delta) & \lambda - \lambda_2(\rho+\delta) \end{vmatrix}$$

$$= \lambda^2 - \left[\frac{\lambda_1(\rho+\delta)}{a} + \frac{\rho+\delta(1-a)}{a} + \lambda_2(\rho+\delta)\right]\lambda$$

$$+ (\rho+\delta)\lambda_1\left[\frac{\rho+\delta(1-a)}{a} - \frac{(\rho+\delta)\lambda_2}{a}\right]$$

$$+ (\rho+\delta)\lambda_2\left[\frac{\lambda_1(\rho+\delta)}{a} + \frac{\rho+\delta(1-a)}{a}\right]$$

$$= \lambda^2 - \left[\frac{\lambda_1(\rho+\delta)}{a} + \frac{\rho+\delta(1-a)}{a} + \lambda_2(\rho+\delta)\right]\lambda$$
$$+ \frac{\lambda_1(\rho+\delta)[\rho+\delta(1-a)]}{a} + \frac{\lambda_2(\rho+\delta)[\rho+\delta(1-a)]}{a}$$
$$= \lambda^2 - \left[\frac{\lambda_1(\rho+\delta)}{a} + \frac{\rho+\delta(1-a)}{a} + \lambda_2(\rho+\delta)\right]\lambda$$
$$+ \frac{(\lambda_1+\lambda_2)(\rho+\delta)[\rho+\delta(1-a)]}{a}$$

由此，得到特征方程：

$$\lambda^2 - \left[\frac{\lambda_1(\rho+\delta)}{a} + \frac{\rho+\delta(1-a)}{a} + \lambda_2(\rho+\delta)\right]\lambda$$
$$+ \frac{(\lambda_1+\lambda_2)(\rho+\delta)[\rho+\delta(1-a)]}{a} = 0$$

实际上，不决定性的发生是说模型中的动态系统在稳态附近稳定的现象。动态系统是关于 k 和 c 的，在正常情况下，消费是随着 k 的变化而变化的，但如果 k 与 c 的变化都是稳定的话，将存在不同的收敛于稳态的路径。

而动态系统是稳定的，用数学方法表示就是，特征方程有两个具有负实部的根。在我们经济学中，这也就是存在两个负的实根。由特征方程的构成可知，λ 的系数是雅克比矩阵的迹的负数，而最后的常数项是雅克比矩阵的行列式值。为了使特征方程具有两个负根，这两个根的乘积必为正的，而两个根的和必为负。而两个根的和就是迹，两个根的乘积就是行列式的值。这样，有两个负根就要求行列式的值为正，而迹为负。

现在看迹和行列式的符号，先看迹的符号，迹为：

$$\frac{\lambda_1(\rho+\delta)}{a} + \frac{\rho+\delta(1-a)}{a} + \lambda_2(\rho+\delta)$$

$$= (\lambda_1 + a\lambda_2)\frac{(\rho+\delta)}{a} + \frac{\rho+\delta(1-a)}{a}$$

计算 $\lambda_1 + a\lambda_2$，可得：

$$\lambda_1 + a\lambda_2 = -\frac{\beta+(1-\alpha)(\chi-1)}{\beta+\chi-1} + \frac{a\beta}{\beta+\chi-1} \quad \frac{-\beta-(1-\alpha)(\chi-1)+a\beta}{\beta+\chi-1}$$

$$= -\frac{(1-a)\beta+(1-\alpha)(\chi-1)}{\beta+\chi-1}(\lambda_1+a\lambda_2)\frac{(\rho+\delta)}{a}+\frac{\rho+\delta(1-a)}{a}$$

$$= -\frac{(1-a)\beta+(1-\alpha)(\chi-1)}{\beta+\chi-1}\frac{(\rho+\delta)}{a}+\frac{\rho+\delta(1-a)}{a}$$

$$= \frac{-[(1-a)\beta+(1-\alpha)(\chi-1)](\rho+\delta)+[\rho+\delta(1-a)](\beta+\chi-1)}{a(\beta+\chi-1)}$$

$$= \frac{-(1-a)\beta(\rho+\delta)-(1-\alpha)(\chi-1)(\rho+\delta)+\rho(\beta+\chi-1)+\delta(1-a)(\beta+\chi-1)}{a(\beta+\chi-1)}$$

$$= \frac{-(1-a)\beta\rho-(1-\alpha)(\chi-1)\rho+\rho(\beta+\chi-1)}{a(\beta+\chi-1)}$$

$$= \frac{-\beta\rho+a\beta\rho-(\chi-1)\rho+\alpha\rho(\chi-1)+\rho\beta+\rho(\chi-1)}{a(\beta+\chi-1)}$$

$$= \frac{a\beta\rho+\alpha\rho(\chi-1)}{a(\beta+\chi-1)}$$

而行列式值为：

$$\frac{(\lambda_1+\lambda_2)(\rho+\delta)[\rho+\delta(1-a)]}{a}$$

$$= \left[-\frac{\beta+(1-\alpha)(\chi-1)}{\beta+\chi-1}+\frac{\beta}{\beta+\chi-1}\right]\frac{(\rho+\delta)[\rho+\delta(1-a)]}{a}$$

$$= -\frac{(1-\alpha)(\chi-1)}{\beta+\chi-1}\frac{(\rho+\delta)[\rho+\delta(1-a)]}{a}$$

当 $\beta+\chi-1<0$ 时，行列式值小于 0，因而有一正一负两个根，是鞍点稳态。当 $\beta+\chi-1>0$ 时，行列式值为正，有同号的两个根。若要有两个负根需要迹的符号为负。即迹的分子为负，也就是：

$$a\beta\rho + \alpha\rho(\chi - 1) < 0$$

若 $\beta < 1 - \chi$，会有：

$$a\beta\rho + \alpha\rho(\chi - 1) < \rho[a(1-\chi) + \alpha(\chi - 1)] = \rho(\chi - 1)(\alpha - a) < 0$$

最后的不等式是由 $\chi < 0$ 和 $\alpha > a$ 的假设得出的，因而 $\rho(\chi - 1)(\alpha - a)$ 是负的。

变量 k 是预先决定的，由于 k_0 是由经济的初始条件决定的，c_0 是由经济的代理人的行动所自由决定的。在这里，我们说 $\{k^*, c^*\}$ 是稳定的，即从 $\{k^*, c^*\}$ 的邻域里出发的所有满足式（2-29）和式（2-30）的轨道都收敛回这个稳态。在这种情况下，存在一个以 c_0 为指标的均衡路径的连续统 $\{k(t), c(t)\}$。由于任意收敛于 $\{k^*, c^*\}$ 的路径必须满足横截条件，完全稳定的稳态产生了一个连续的均衡，被称为"不决定性"，我们说它是一个二维的稳定多样体（stable manifold）。

反过来，若在 $\{k, c\}$ 空间中存在一个一维的多样体具有以下性质：由这个多样体开始的轨道收敛于这个稳态，但是所有其他轨道都发散，则这个均衡在稳态的这个邻域中将是局部唯一的。在这种情况下，在 k^* 的邻域里每个 k_0 将存在与之对应的唯一一个在 c^* 的邻域中的 c_0，从而生成一个收敛于 $\{k^*, c^*\}$ 的轨道。这个 c_0 是一个把经济放在鞍点 $\{k^*, c^*\}$ 的稳态分支上的一个消费的初始值。

当不存在资本的外部性时（在垄断的竞争模型中中间产品为完全替代的），$a = \alpha$。在这种情况下，迹为：

$$\frac{a\beta\rho + \alpha\rho(\chi - 1)}{a(\beta + \chi - 1)} = \rho$$

这时，若 $-\dfrac{(1-\alpha)(\chi-1)}{\beta+\chi-1}<0$，则行列式值为负，必有两个不同号的根，则稳态是鞍点稳定的。在其中，存在一个局部唯一的消费率，它与任意给定的在 k^* 邻域中的初始资本库存和收敛于稳态的消费率是一致的。

当 $a=\dfrac{1}{3}$，$b=\dfrac{2}{3}$，$\rho=0.02$，$\delta=0.07$，$\chi=-0.25$，$\alpha=0.83$，$\beta=1.66$（或 $\lambda=0.4$，$\lambda\alpha=a=0.33$，$\lambda\beta=b=0.67$）时，会有负的迹和正的行列式值。

由 $\beta+\chi-1>0$，得到 $\beta>1-\chi$。以下给出对于这一条件的直观解释：

$$\dfrac{C}{N^\chi}=w(t)=b\dfrac{K^\alpha N^\beta}{N}$$

上式的左侧是劳动供给曲线，右侧是劳动需求曲线。这是因为左侧是由消费者对闲暇的需求得到的，所以是劳动的供给，而右侧是由企业的利润最大化得到的，因而是企业对劳动的需求。

对式（2-34）两边取对数，得到：

$$c-\chi n=\tilde{w}=\ln b+\alpha k+(\beta-1)n \qquad (2-35)$$

注意劳动需求曲线的斜率为 $\beta-1$，而劳动供给曲线的斜率为 $-\chi$。也就是说，对于雅克比行列式值为正的要求是 $\beta+\chi-1>0$，也意味着 $\beta-1>-\chi$，即劳动需求曲线的斜率大于劳动供给曲线的斜率（注意这里 C 是不随 k 与 n 的变化而变化的）。在标准的模型中，劳动需求曲线是递减的（作为雇佣的函数），而在一个规模报酬递增的经济中它可能是递增的。由 $\chi<0$，若要 $\beta+\chi-1>0$ 需要 $\beta-1>0$，即 $\beta>1$。

所以劳动需求曲线的斜率为正。而由 $\beta - 1 > -\chi$，得到需求曲线的斜率应在劳动市场均衡时大于供给曲线的斜率。所以，不决定性存在的必要条件实际上是等价于要求劳动需求曲线的斜率为正，且劳动需求曲线的斜率应大于劳动供给曲线的斜率。在资本库存扩张的情况下，在一个均衡轨道上，劳动需求曲线将朝着降低实际工资而且减少雇佣的方向移动。然而，消费也会随资本而增长，消费的增长将倾向于增加实际工资，而且增加雇佣。

（六）内生增长的动态

以上描述的模型，除非存在外生的技术进步，否则不显示增长。现在验证内生增长、规模报酬递增和不决定性之间的关系。

我们可以定义一个对应系统（2-29）、（2-30）的均齐增长路径，将其作为一个轨道 $\{\bar{K}(t), \bar{C}(t)\}$，使得：

$$\dot{k} = \dot{c} = g$$

其中，g 是常数。在稳态情况下，若在 $\bar{k}(0)$ 的邻域中给定一个 k_0，对 $\bar{c}(0)$ 的邻域中的任何一个 c_0，轨道 $\{\bar{k}(t), \bar{c}(t)\}$ 都收敛于 $\{\bar{k}, \bar{c}\}$，我们就说均齐增长路径是局部不决定的。在这个定义上横截条件成立，即

$$\lim_{t \to \infty} e^{-\rho t} \frac{K(t)}{C(t)} = 0$$

由于 $C(t)$ 与 $K(t)$ 是以相同的比率增长的，这意味着 $\frac{K(t)}{C(t)}$ 是一常数。设

$$q = c - k = \ln \frac{C}{K} \qquad (2-36)$$

$$\dot{k} = e^{(\lambda_1+\lambda_2)k+\lambda_2 q+\lambda_0} - \delta - e^q \qquad (2-37)$$

$$\dot{q} = \dot{c} - \dot{k} = a e^{(\lambda_1+\lambda_2)k+\lambda_2 q+\lambda_0} - \rho - \delta - e^{(\lambda_1+\lambda_2)k+\lambda_2 q+\lambda_0} + \delta + e^q$$

$$= (a-1)e^{(\lambda_1+\lambda_2)k+\lambda_2 q+\lambda_0} - \rho + e^q \qquad (2-38)$$

均齐增长路径则要求 $\dot{k}=g$，$\dot{q}=\dot{c}-\dot{k}=0$。由于 $a<1$，若 $\dot{k}=g\neq 0$，即 k 随时间而变化时，观察式（2-38）的右侧，当 $\dot{q}=0$ 时，q 为常数，所以第三项应为常数，由于第二项也是常数，要保证 $\dot{q}=0$，第一项也得是常数才行。由于 k 并不是常数，所以它的系数 $\lambda_1+\lambda_2$ 必须为零，这样才能保证式（2-38）右侧的第一项是常数。所以，内生的均齐增长路径存在的必要条件为 $\lambda_1+\lambda_2=0$。

由 λ_1 和 λ_2 的定义，可得：

$$\lambda_1+\lambda_2 = \frac{(\alpha-1)(\chi-1)}{\beta+\chi-1}$$

由于 $\chi<0$，所以只有 $\alpha=1$。

为了解这个均齐增长路径，我们定义

$$X = e^q = \frac{C}{K}$$

把式（2-38）改写为：

$$\dot{q} = \frac{d\log X}{dX} = \frac{\dot{X}}{X} = (a-1)e^{\lambda_0+\lambda_2 q} - \rho + X$$

$$= (a-1)e^{\lambda_0}X^{\lambda_2} - \rho + X = f(X) \qquad (2-39)$$

由于 $\lambda_1+\lambda_2=0$，所以消去了 k。

解这一方程得到这个系统的均齐增长路径：

$$\dot{X} = Xf(X) = 0 \qquad (2-40)$$

而内部的均齐增长路径是式（2-41）的解：

$$f(X) = 0 \qquad (2-41)$$

$f(x)$ 的导数可表示为：

$$f'(X) = \lambda_2(a-1)e^{\lambda_0}X^{\lambda_2-1} + 1$$

由 $\lambda_2 = \dfrac{\beta}{\beta+\chi-1}$，可得 $\beta+\chi-1>0$，或者 $\beta+\chi-1<0$。若 $\lambda_2>0$，由 $\chi<0$ 得 $\beta+\chi-1<0$，所以 $\lambda_2>1$。首先注意若 $\lambda_2<0$，即若 $\beta+\chi-1<0$，则行列式值是负的，即有一正一负两个根，稳态是鞍点稳定的。所以存在一个唯一的内部均齐增长路径。由 $\lambda_2<0$，得到 $f'(X)>0$。当 $X\to 0$ 时，在 $(a-1)e^{\lambda_0}X^{\lambda_2}-\rho+X=f(X)$ 中，第一项趋于负无穷，后两项趋于定数，所以 $f(X)\to -\infty$；当 $X\to +\infty$ 时，第一项趋于 0，后一项趋于正无穷，所以 $f(X)\to +\infty$。所以，必可取到中间值 0。而若 $\lambda_2>1$，当 $X\to 0$ 时，$f(X)<0$，而当 $X\to +\infty$ 时，$f(X)\to -\infty$，而 $f'(X)<0$。函数有递减的部分。

事实上 $f'(\bar{X})>0$ 意味着均齐增长路径是不安定的，其对任意初始条件 $X_0\ne\bar{X}$，生成一个从 $\bar{X}$ 单调发散的轨道。对任意的初始值 K_0，$\bar{C}$ 的选择使 $\dfrac{C_0}{K_0}=\bar{X}$ 生成一个唯一的均衡轨道，沿着这个轨道，消费资本比是常数。由式（2-37）和式（2-38）可知增长率由下式给出：

$$g(X)\big|_{X=\bar{X}} = e^{\lambda_0}\bar{X}^{\lambda_2} - \delta - \bar{X} = \frac{\rho-\bar{X}}{a-1} - \delta - \bar{X}$$

$$= \frac{\rho - a\bar{X}}{a-1} - \delta = \frac{a}{1-a}\bar{X} - \frac{\rho+\delta(1-a)}{1-a}$$

由 $\dot{q}=0$ 得 $e^{\lambda_0}\bar{X}^{\lambda_2} = \dfrac{\rho-\bar{X}}{a-1}$，将其代入式（2-38），得到

上式。当 $\lambda_2 > 1$ 时，这些结果一定会被修改，因为函数 $f(X)$ 不一定是单调的。在这种情况下，它可能去建立一个内部的均齐增长路径，或者不存在这种路径，或者将存在两个这样的路径。由于 $\lambda_2 > 1$，$f(X)$ 是凹函数，由于

$$f''(X) = \lambda_2(\lambda_2 - 1)(a - 1)e^{\lambda_0}X^{\lambda_2 - 2} < 0$$

但若 f 是凹的，则它会两次穿过 0 [因为当 $X \to 0$，$f(X) < 0$，而当 $X \to +\infty$，$f(X) \to -\infty$，所以会穿过 0 两次]。递增的部分会从小于 0 上升到 0，然后大于 0，从大于 0 的最大值回到小于 0 状态时，还会经过 0。

假设存在两个均齐增长路径 $\bar{X}_1$ 和 $\bar{X}_2$，$\bar{X}_1 < \bar{X}_2$，立刻可以得到 $\bar{X}_1$ 是不稳定的，而 $\bar{X}_2$ 是稳定的。因为 $f'(\bar{X}_1)$ 一定是正的，而 $f'(\bar{X}_2)$ 是负的。这是由 $f(x)$ 的凹性得出的。在这种情况下，存在一个连续的均衡轨道。给定一个 K_0，任意初始条件 C_0，使 $\dfrac{C_0}{K_0} > X_1$，就产生了一个均衡轨道，进一步对所有 C_0，使 $\dfrac{C_0}{K_0} > X_1$，$\dfrac{C(t)}{K(t)}$ 收敛于 $\bar{X}_2$。这些路径在所有时间上都具有比均齐消费－资本比率 $\bar{X}_1$ 要高的消费－资本比率，但是它们导致了高的渐进增长率。这个逆说的出现是由于高的消费－资本比率包含了高水平的雇佣和高水平的资本平均产出。

值得注意的是，当存在不决定性时，假设在内生增长路径上存在具有相同的初始资本库存的另一种经济，当它把自己放在高的不决定性的均衡路径上时，就可知这些差别是非常大的。经济可以通过选择高水平的初始消费和高水平的雇佣把自己放在高的不决定性的均齐增长路径上。

有两种情况可能发生,在第一种情况下,经济是紧缩的;在第二种情况下,它可以在初始时收缩,但是消费-资本比率提高,消费-资本比率的提高暗含了雇佣水平的上升。雇佣水平的上升实际上提高了增长率,经济收敛于一个具有正的增长率的均齐增长路径。从式(2-40)可以看出,一个从高的消费-资本比率开始的路径将总是有一个高的消费-资本比率,由于解的轨道不能够交叉,当存在一个不决定性增长路径时,最优雇佣水平随消费-资本比率的增加而增加。为了研究这个问题,考虑两个均齐增长路径,二者从相同的资本库存出发。为了不失一般性,从 $K(0)=1$ 出发。这两个均齐增长路径的福祉在给定它们的初始消费水平和它们的相关增长率的情况下是可以计算的。在以上给定的参数下,不决定的均齐增长路径以大约 2% 的速度增长,生成了 6.46 的福祉水平。而在决定性的均齐增长路径上,它事实上以 13% 的速度缩小,有一个 -261.33 的福祉水平。

由于 Benhabib 和 Farmer(1994)给出的一个部门的不决定性的条件要求劳动需求曲线的斜率为正,且在劳动市场均衡时其要大于劳动供给曲线的斜率。而这一条件要求生产的规模递增程度 β 很高,超出了实际数据中所显示的水平。因此,产生了有关降低这个规模报酬递增程度的文献。

Bennet 和 Farmer(2000)在验证了关于消费和闲暇是可分离的偏好的基础上,得到以下结论。由于 Benhabib 和 Farmer(1994)设定的效用函数关于消费和劳动供给是可分离的,所以他们得出要得到不决定性需要很强的条件的结论。Bennet 和 Farmer 的论文主要提出了一个关于消费和劳动供给不可分离的效用函数。

模型中消费者的即时效用函数为：

$$U(C,L) = \frac{[CV(L)]^{1-\sigma} - 1}{1-\sigma}$$

其中 $V(L)$ 是非负的严格递减的凹函数，有上界。当 $V(L) = \exp\left(-\frac{L^{1+\gamma}}{1+\gamma}\right)$ 时，上式可以与 $U(C,L) = \ln C - \frac{L^{1+\gamma}}{1+\gamma}$ 一致。

消费者的生涯效用函数为以下形式：

$$\int_0^\infty U(C,L) e^{-\rho t} dt \quad (2-42)$$

$$\text{s.t.} \quad \dot{K} = (r-\delta)K + wL - C$$

$$K(0) = K_0$$

生产函数为：

$$Y = AK^a N^b$$

而生产的外部性为：

$$A = \overline{K}^{\alpha-a} \overline{N}^{\beta-b}$$

其中，$\overline{K}$、$\overline{N}$ 分别为经济的平均资本和劳动投入。而工资率 w 和资本的租借利息率 r 分别为：

$$w = \frac{bY}{L}$$

$$r = \frac{aY}{K}$$

企业由于面对规模报酬不变的技术，在经济中不存在利润。与 Benhabib 和 Farmer（1994）的研究相同，均衡时的生产函数为：

$$Y = K^\alpha N^\beta \qquad (2-43)$$

(七) 解消费者的问题及找到一个市场均衡

设哈密尔顿方程为：

$$H = \frac{[CV(L)]^{1-\sigma} - 1}{1-\sigma} + \Lambda[(r-\delta)K + wL - C] \quad (2-44)$$

得到关于 C 的一阶条件：

$$\Lambda = C^{-\sigma} V(L)^{1-\sigma} \qquad (2-45)$$

关于劳动供给的一阶条件为：

$$\begin{aligned} C^{1-\sigma} V(L)^{-\sigma} V'(L) &= -\Lambda w \\ \Lambda w &= \frac{-C^{1-\sigma} V'(L)}{V(L)^\sigma} \end{aligned} \qquad (2-46)$$

把式（2-45）代入式（2-46）中得到：

$$wC^{-\sigma} V(L)^{1-\sigma} = -C^{1-\sigma} \frac{V'(L)}{V(L)^\sigma}$$

整理后得到：

$$wV(L) = -CV'(L)$$

解出 w，得到：

$$w = \frac{-CV'(L)}{V(L)}$$

劳动需求为：

$$w = b \frac{Y}{L}$$

两式合并，得到：

$$b\frac{Y}{L} = w = \frac{-CV'(L)}{V(L)} \qquad (2-47)$$

式（2-47）的左侧是劳动需求，右侧是劳动供给。最大值原理为：

$$\dot{\Lambda} = \Lambda[\rho - (r-\delta)] = \Lambda\left(\rho + \delta - \frac{aY}{K}\right) \qquad (2-48)$$

根据最大值原理，动态系统的解还需满足横截条件：

$$\lim_{t\to\infty} e^{-\rho t}\Lambda K(t) = 0 \qquad (2-49)$$

为了分析竞争均衡的动态，以下变换会使分析变得容易。首先在 $\dot{K} = Y - C - \delta K$ 的两边同除以 K，得到：

$$\frac{\dot{K}}{K} = \frac{Y}{K} - \frac{C}{K} - \delta$$

定义 $k = \ln K$，$y = \ln Y$，$c = \ln C$，$\lambda = \ln \Lambda$，则上式与式 (2-48) 就变为：

$$\dot{\lambda} = \rho + \delta - \alpha e^{y-k} \qquad (2-50)$$

$$\dot{k} = e^{y-k} - e^{c-k} - \delta \qquad (2-51)$$

（八）稳态的表示

设

$$h(L) = \frac{-V'(L)}{V(L)}$$

它的导数为：

$$h'(L) = -\frac{V''(L)V(L) - [V'(L)]^2}{V^2(L)}$$

由 $V''(L) < 0$ 得到 $h'(L) > 0$。

设 $\ln K^* = k^*$，$\ln Y^* = y^*$，$\ln L^* = l^*$，$\ln C^* = c^*$，解式（2-50）得到稳态：

$$e^{y^* - k^*} = \frac{\rho + \delta}{a}$$

对上式的两边取对数，得到：

$$y^* - k^* = \ln \frac{\rho + \delta}{a} \qquad (2-52)$$

代入式（2-51），可得：

$$e^{c^* - k^*} = e^{y^* - k^*} - \delta = \frac{\rho + \delta}{a} - \delta = \frac{\rho + (1-a)\delta}{a}$$

在上式的两边取对数，得到：

$$c^* - k^* = \ln \left[\frac{\rho + (1-a)\delta}{a} \right] \qquad (2-53)$$

由式（2-52）和式（2-53），得到：

$$y^* - c^* = \ln \frac{\rho + \delta}{a} - \ln \left[\frac{\rho + (1-a)\delta}{a} \right] = \ln \frac{\rho + \delta}{\rho + (1-a)\delta} > 0$$

而 $y^* - c^*$ 是唯一决定的。由劳动市场的均衡条件式（2-47）得到：

$$\ln b + \ln Y - \ln L = \ln C + \ln h(L)$$

代入 y^*、k^* 和 l^* 的定义，得到：

$$y^* - c^* + \ln b = l^* + \ln h(L^*) \qquad (2-54)$$

令

$$f(L^*) = \log L^* + \log h(L^*)$$

由于 $h(0)$ 是有限的，$f(0) = -\infty$。由于 $h(L)$ 递增，当 $L^* \to \infty$ 时，$\log L^* \to \infty$，因而 $f(L^*) \to \infty$。所以仅有一个 L^* 使式（2-54）成立。

（九）动态均衡

令 $\lambda = \ln \Lambda$，$k = \ln K$，代入式（2-48）得到：

$$\dot{\lambda} = \frac{\dot{\Lambda}}{\Lambda} = \rho + \delta - a\frac{Y}{K} = \rho + \delta - ae^{y-k} \qquad (2-55)$$

把 λ、k 的定义代入式（2-42），得到：

$$\dot{k} = e^{y-k} - e^{c-k} - \delta \qquad (2-56)$$

对生产函数（2-43）的两边取对数，并代入新定义的变量，得到：

$$y = \alpha k + \beta l \qquad (2-57)$$

对式（2-47）的两边取对数，并代入新定义的变量，得到：

$$c + \ln[h(L)] = \ln b + y - l \qquad (2-58)$$

对式（2-45）的两边取对数，并代入新定义的变量，得到：

$$\lambda = -\sigma c + (1-\sigma)\ln[V(L)] \qquad (2-59)$$

令

$$\psi = \frac{-L^* V'(L^*)}{V(L^*)} \qquad (2-60)$$

$$\gamma = \frac{L^* h'(L^*)}{h(L^*)} \qquad (2-61)$$

令

$$\tilde{y} = y - y^*, \tilde{k} = k - k^*, \tilde{l} = l - l^* \quad (2-62)$$
$$\tilde{y} = \alpha\tilde{k} + \beta\tilde{l}$$

由式（2-58）可得：

$$c + \ln[h(L)] = \ln b + y - l$$
$$c^* + \ln[h(L^*)] = \ln b + y^* - l^*$$

两式相减得到：

$$\ln[h(L)] - \ln[h(L^*)] = y - y^* - (l - l^*) - (c - c^*)$$

把左侧在 $\ln L^*$ 点泰勒展开，得到：

$$\frac{\dfrac{h'(L^*)}{h(L^*)}}{\dfrac{1}{L^*}}(\ln L - \ln L^*) = \tilde{y} - \tilde{l} - \tilde{c}$$

整理上式，并代入新定义的变量，得到：

$$\frac{L^* h'(L^*)}{h(L^*)}\tilde{l} = \tilde{y} - \tilde{l} - \tilde{c} \quad (2-63)$$

代入式（2-61），得到：

$$(1+\gamma)\tilde{l} = \tilde{y} - \tilde{c} \quad (2-64)$$

由（2-59）可得：

$$\lambda = -\sigma c + (1-\sigma)\ln[V(L)]$$
$$\lambda^* = -\sigma c^* + (1-\sigma)\ln[V(L^*)]$$

两式相减，得到：

$$(1-\sigma)\{\ln[V(L)] - \ln[V(L^*)]\} = \lambda - \lambda^* + \sigma(c - c^*)$$

把左侧在 $\ln L^*$ 点线性展开,得到:

$$(1-\sigma)\frac{\frac{V'(L^*)}{V(L^*)}}{\frac{1}{L^*}}(\ln L - \ln L^*) = \tilde{\lambda} + \sigma\tilde{c}$$

代入新变量,得到:

$$(1-\sigma)\frac{L^* V'(L^*)}{V(L^*)}(l-l^*) = \tilde{\lambda} + \sigma\tilde{c} \frac{L^* V'(L^*)}{V(L^*)}(l-l^*) = \tilde{\lambda} + \sigma\tilde{c}$$

把式(2-60)代入上式,得到:

$$(1-\sigma)\psi\tilde{l} = \tilde{\lambda} + \sigma\tilde{c}$$

整理,得到:

$$\tilde{\lambda} = \sigma\tilde{c} - (1-\sigma)\psi\tilde{l}$$

ψ 为工资相对于消费的占比,由

$$w^* = -c^* \frac{V'(L^*)}{V(L^*)}$$

得到:

$$\frac{w^* L^*}{c^*} = \frac{-L^* V'(L^*)}{V(L^*)}$$

根据1989年的美国数据,结合政府和私人消费可知,工资收入与消费的比近似于1,因而,ψ 近似于1。若线性化式(2-47),γ 是常数消费劳动供给曲线的斜率。

考虑对式(2-47)左侧的等式两边取对数,得到:

$$\ln w = \ln C + \ln[h(L)]$$

同样,对式(2-47)左侧的等式两边代入稳态的值,

得到:

$$\ln w^* = \ln C^* + \ln[h(L^*)]$$

两式相减,当 C 是常数时,消去这一项,得到:

$$\ln w - \ln w^* = \ln[h(L)] - \ln[h(L^*)]$$

令 $\tilde{w} = \ln w - \ln w^*$,并对等式右侧在 $\ln L^*$ 点进行线性展开,得到:

$$\tilde{w} = \frac{L^* h'(L^*)}{h(L^*)}(\ln L - \ln L^*)$$

代入新定义的变量,得到:

$$\tilde{w} = \frac{L^* h'(L^*)}{h(L^*)}\tilde{l}$$

即 γ 是常数消费劳动供给曲线的斜率。

(十) 局部动态

分析在唯一的稳态点周围,系统的局部动态,对动态系统 (2-50) 和 (2-51) 在稳态点进行线性展开,得到:

$$\dot{\lambda} = (-a e^{y^*-k^*})[(y-y^*)-(k-k^*)] = -(\rho+\delta)(\tilde{y}-\tilde{k})$$

$$\dot{k} = \frac{(\rho+\delta)}{a}(\tilde{y}-\tilde{k}) - \frac{[\rho+\delta(1-a)]}{a}(\tilde{c}-\tilde{k})$$

由式 (2-62) ~ (2-64) 解出: $\tilde{y}-\tilde{k}$ 和 $\tilde{c}-\tilde{k}$ 为 $\tilde{k}$、$\tilde{\lambda}$ 的函数。由式 (2-62) 得:

$$\tilde{l} = \frac{\tilde{y}}{\beta} - \frac{\alpha \tilde{k}}{\beta}$$

由式 (2-63) 可得:

$$\tilde{c} = \tilde{y} - (1+\gamma)\tilde{l} = \tilde{y} - \frac{(1+\gamma)}{\beta}\tilde{y} - \frac{\alpha(1+\gamma)}{\beta}\tilde{k}$$

$$= \frac{\beta - (1+\gamma)}{\beta}\tilde{y} - \frac{\alpha(1+\gamma)}{\beta}\tilde{k}$$

代入式（2-64），得到：

$$\tilde{\lambda} = -\frac{\sigma[\beta - (1+\gamma)]}{\beta}\tilde{y} + \frac{\sigma\alpha(1+\gamma)}{\beta}\tilde{k}$$

$$- (1-\sigma)\psi\frac{\tilde{y}}{\beta} + (1-\sigma)\psi\frac{\alpha}{\beta}\tilde{k}$$

得到：

$$-\left[\frac{\sigma\beta - (1+\gamma)\sigma + (1-\sigma)\psi}{\beta}\right]\tilde{y} + \frac{\sigma\alpha(1+\gamma) + (1-\sigma)\psi\alpha}{\beta}\tilde{k} = \tilde{\lambda}$$

即

$$\tilde{y} = \frac{\sigma\alpha(1+\gamma) + \alpha(1-\sigma)\psi}{\sigma\beta - (1+\gamma)\sigma + (1-\sigma)\psi}\tilde{k} - \frac{\tilde{\lambda}}{\sigma\beta - (1+\gamma)\sigma + (1-\sigma)\psi}$$

$$\tilde{y} - \tilde{k} = \left[\frac{\sigma\alpha(1+\gamma) + \alpha(1-\sigma)\psi}{\sigma\beta - (1+\gamma)\sigma + (1-\sigma)\psi} - 1\right]\tilde{k}$$

$$- \frac{\tilde{\lambda}}{\sigma\beta - (1+\gamma)\sigma + (1-\sigma)\psi}$$

代入 $\tilde{c}$ 的表示式，可以得到 $\tilde{c} - \tilde{k}$。解出行列式的值和迹之后不好判断符号。

他们在论文的数值例子中，给出了各参数的实际数值，及规模报酬参数 m：

$$\alpha = am$$
$$\beta = bm$$

发现当 $m = 1.03$ 时会产生不决定性。需要的条件是 Frisch 劳动供给曲线是向右下方倾斜的，而且比劳动需求曲线要陡。

二 效用函数的凹性与不决定性之间的关系

Hintermaier（2003）证明了只要即时效用关于 C 和 L 是凹函数，Frisch 劳动供给曲线的斜率就不可能是负的，同时也证明了当规模的弹性小于生产中劳动的份额的倒数时，即时效用函数关于 C 和 L 是凹函数，也不可能产生不决定性。他考虑了具有外部性的生产函数，对企业来说，生产是规模报酬不变的，但对整个社会来说，生产是规模报酬递增的，他随后也设立了一般的凹的效用函数，证明了 Bennet 和 Farmer（2000）的例子，当效用函数是凹函数时，Frisch 劳动供给曲线的斜率就不可能是负的，也就是说，Bennet 和 Farmer（2000）提出的关于不决定性存在的条件就不成立。Hintermaier（2003）先求出了稳态，对稳态的稳定性进行分析，然后研究效用函数的凹性是否和不决定性相矛盾，最后研究 Frisch 劳动供给曲线的斜率是否可以为负的问题。

他考虑了下列模型：

$$Y = K^a l^b E, a + b = 1, E > 0$$

这里，E 表示生产的外部性。每个企业都把 E 当作给定的。然而，在实践中 E 是由其他企业的行动所决定的。这一不完全性由 $E = \bar{K}^{\alpha-a}\bar{l}^{\beta-b}$ 给出，$\bar{K}$ 和 $\bar{l}$ 表示资本和劳动在经济范围内的平均。进一步得出：

$$Y = K^\alpha l^\beta$$

$$1 > \alpha \geq a, \beta \geq b, \alpha + \beta > 1$$

由利润最大化条件，得到：

$$b = \frac{wl}{Y}, a = \frac{rK}{Y} \qquad (2-65)$$

代表消费者最大化效用的现值为：

$$\int_0^\infty u(c,l) e^{-\rho t} dt$$

设 u 关于 c 是递增、凹的，关于 l 是递减的凹函数。消费者服从预算约束：

$$\dot{K} = (r-\delta)K + wl - c$$

资本的初始条件 K_0 为给定的。

定义 u 关于 c 的偏导数的弹性和关于劳动的偏导数的弹性和交叉弹性分别为：

$$\delta_{cc} = \frac{c \frac{\partial^2 u}{\partial c^2}}{\frac{\partial u}{\partial c}} = \frac{c u_{cc}}{u_c}$$

$$\delta_{cl} = \frac{l u_{cl}}{u_c}$$

$$\delta_{lc} = \frac{c u_{lc}}{u_l}$$

$$\delta_{ll} = \frac{l u_{ll}}{u_l}$$

命题 2-1 当且仅当 $\delta_{cc} < 0$，$\delta_{ll} \geq 0$，$\delta_{cc}\delta_{ll} \leq \delta_{cl}\delta_{lc}$，$u(c, l)$ 是凹的。

证明：当且仅当 $u_{cc}<0$，$u_{ll}<0$，$u_{cc}u_{ll}-u_{cl}u_{lc}\leq 0$，$u(c,l)$ 是凹的。由于 $\delta_{cc}=\dfrac{cu_{cc}}{u_c}<0$ 而 $\delta_{ll}=\dfrac{lu_{ll}}{u_l}>0$，由 $\delta_{cc}\delta_{ll}-\delta_{cl}\delta_{lc}=\dfrac{cu_{cc}}{u_c}\dfrac{lu_{ll}}{u_l}-\dfrac{cu_{cl}}{u_c}\dfrac{lu_{lc}}{u_l}=\dfrac{cl}{u_c u_l}[u_{cc}u_{ll}-u_{cl}u_{lc}]\leq 0$，得到 $\delta_{cc}\delta_{ll}\leq\delta_{cl}\delta_{lc}$。Q. E. D.

下面考虑动态的最优化的问题：

$$H=u(c,l)+\Lambda[(r-\delta)K+wl-c]$$

由关于 c 和 l 的一阶条件，得到：

$$\frac{\partial u}{\partial c}=\Lambda \qquad (2-66)$$

$$\frac{\partial u}{\partial l}=-\Lambda w \qquad (2-67)$$

由这两个式子得到：

$$w=-\frac{u_l}{u_c} \qquad (2-68)$$

而由企业的利润最大化条件，得到 $w=\dfrac{bY}{l}$，所以，

$$\frac{bY}{l}=w=-\frac{u_l}{u_c} \qquad (2-69)$$

由最大值原理，得到：

$$\dot{\Lambda}=-\Lambda(r-\delta)+\rho\Lambda \qquad (2-70)$$

预算约束条件为：

$$\dot{K}=(r-\delta)K+wl-C$$

式（2-70）两边同除以 Λ，得到：

$$\frac{\dot{\Lambda}}{\Lambda} = \rho + \delta - r$$

再代入式（2-65），得到：

$$\frac{\dot{\Lambda}}{\Lambda} = \rho + \delta - \frac{aY}{K} \qquad (2-71)$$

在预算约束条件的两边同除以 K，并代入式（2-65），得到：

$$\frac{\dot{K}}{K} = \frac{aY}{K} - \delta + \frac{bY}{l}\frac{l}{K} - \frac{C}{K} \qquad (2-72)$$

横截条件为：

$$\lim_{T \to \infty} e^{-\rho T} \Lambda = 0$$

令 $\lambda = \ln\Lambda$，$k = \ln K$，$\tilde{l} = \ln l$，$\tilde{c} = \ln c$，$y = \ln Y$，代入动态方程（2-71）和（2-72），得到：

$$\dot{\lambda} = \rho + \delta - ae^{y-k} \qquad (2-73)$$

$$\dot{k} = ae^{y-k} - \delta + be^{y-k} - e^{c-k} = e^{y-k} - \delta - e^{c-k} \qquad (2-74)$$

式（2-74）右侧的第二个等式是因为 $a + b = 1$ 而得出的。此时，如下等式也成立：

$$k(0) = k_0, \lim_{T \to \infty} e^{\lambda - \rho T} = 0$$

稳态为：

$$\hat{y} = \alpha \hat{k} + \beta \hat{l} \qquad (2-75)$$

其中，$\hat{y} = y - y^*$，$\hat{k} = k - k^*$，$\hat{l} = \tilde{l} - \tilde{l}^*$。

对式（2-66）的两边取对数，得到：

$$\lambda = \ln u_c$$

然后对这一等式在稳态点 λ^*、c^*、k^*、y^*、$\tilde{l}^*$ 展开，得到：

$$\lambda - \lambda^* = \frac{\dfrac{u_{cc}}{u_c}}{\dfrac{1}{c}}(\ln c - \ln c^*) + \frac{\dfrac{u_{cl}}{u_c}}{\dfrac{1}{l}}(\ln l - \ln l^*)$$

令 $\hat{\lambda} = \lambda - \lambda^*$，$\hat{c} = \tilde{c} - \tilde{c}^*$，$\hat{l} = \tilde{l} - \tilde{l}^*$。上式可表示为：

$$\hat{\lambda} = \delta_{cc}\hat{c} + \delta_{cl}\hat{l} \qquad (2-76)$$

对式（2-69）的两边取对数，得到：

$$\ln b + \ln Y - \ln l = \ln(-u_l) - \ln u_c$$

代入新定义的变量，得到：

$$y - \tilde{l} = \ln(-u_l) - \ln(u_c) - \ln b$$

在上式中代入稳态点的值，得到：

$$y^* - \tilde{l}^* = \ln(-u_l) - \ln u_c - \ln b$$

两式相减，得到：

$$\hat{y} = \hat{l} + \frac{\dfrac{-u_{cl}}{-u_l}}{\dfrac{1}{c}}(\ln c - \ln c^*) + \frac{\dfrac{-u_{ll}}{-u_l}}{\dfrac{1}{l}}(\ln l - \ln l^*)$$

$$- \frac{\dfrac{u_{cc}}{u_c}}{\dfrac{1}{c}}(\ln c - \ln c^*) - \frac{\dfrac{u_{cl}}{u_c}}{\dfrac{1}{l}}(\ln l - \ln l^*)$$

整理上式，并代入新定义的变量，得到：

$$\hat{y} = \hat{l} + \delta_{lc}\hat{c} + \delta_{ll}\hat{l} - \delta_{cc}\hat{c} - \delta_{cl}\hat{l} = (\delta_{lc} - \delta_{cc})\hat{c} + (1 + \delta_{ll} - \delta_{cl})\hat{l}$$
(2-77)

其中，$\hat{y} = y - y^*$。

由式（2-73），得到稳态：

$$e^{y^* - k^*} = \frac{\rho + \delta}{a}$$

代入式（2-74），并令右侧等于零，得到稳态：

$$e^{c^* - k^*} = \frac{\rho + \delta}{a} - \delta = \frac{\rho + (1-a)\delta}{a}$$

把动态方程（2-73）的右侧在稳态点 (y^*, k^*) 线性展开，得到：

$$\begin{aligned}\dot{\lambda} &= -ae^{y-k}(y - y^*) + ae^{y-k}(k - k^*) \\ &= -(\rho + \delta)\hat{y} + (\rho + \delta)\hat{k} \\ &= -(\rho + \delta)(\hat{y} - \hat{k})\end{aligned}$$
(2-78)

把动态方程（2-74）的右侧在稳态点展开，得到：

$$\begin{aligned}\dot{k} &= e^{y^* - k^*}\hat{y} - e^{y^* - k^*}\hat{k} - e^{c^* - k^*}\hat{c} + e^{c^* - k^*}\hat{k} \\ &= \frac{\rho + \delta}{a}\hat{y} + \left[\frac{\rho + (1-a)\delta}{a} - \frac{\rho + \delta}{a}\right]\hat{k} - \frac{\rho + (1-a)\delta}{a}\hat{c} \\ &= \frac{\rho + \delta}{a}(\hat{y} - \hat{k}) - \frac{\rho + (1-a)\delta}{a}(\hat{c} - \hat{k})\end{aligned}$$
(2-79)

把式（2-77）代入式（2-75），得到：

$$\alpha \hat{k} + \beta \hat{l} = (1 + \delta_{ll} - \delta_{cl})\hat{l} + (\delta_{lc} - \delta_{cc})\hat{c} \quad (2-80)$$

由式（2-76）解出 $\hat{l}$，得到：

$$\hat{l} = \frac{\hat{\lambda}}{\delta_{cl}} - \frac{\delta_{cc}}{\delta_{cl}}\hat{c} \qquad (2-81)$$

在式（2-81）的两边同时乘以 $-\delta_{cl}$，式（2-81）可表示为：

$$-\delta_{cl}\hat{l} = -\hat{\lambda} + \delta_{cc}\hat{c}$$

把它代入式（2-80），式（2-80）可表示为：

$$\alpha\hat{k} + \beta\hat{l} = (1+\delta_{ll})\hat{l} - \hat{\lambda} + \delta_{lc}\hat{c}$$

经过移项整理得到：

$$(1-\beta+\delta_{ll})\hat{l} = \alpha\hat{k} + \hat{\lambda} - \delta_{lc}\hat{c}$$

在上式中求 $\hat{l}$，得到：

$$\hat{l} = \frac{\alpha}{1-\beta+\delta_{ll}}\hat{k} + \frac{\hat{\lambda}}{1-\beta+\delta_{ll}} - \frac{\delta_{lc}}{1-\beta+\delta_{ll}}\hat{c} \qquad (2-82)$$

把式（2-81）代入式（2-82），得到：

$$\frac{\hat{\lambda}}{\delta_{cl}} - \frac{\delta_{cc}}{\delta_{cl}}\hat{c} = \frac{\alpha}{1-\beta+\delta_{ll}}\hat{k} + \frac{\hat{\lambda}}{1-\beta+\delta_{ll}} - \frac{\delta_{lc}}{1-\beta+\delta_{ll}}\hat{c}$$

合并 $\hat{c}$ 的同类项，得到：

$$\left(\frac{\delta_{lc}}{1-\beta+\delta_{ll}} - \frac{\delta_{cc}}{\delta_{cl}}\right)\hat{c} = \frac{\alpha}{1-\beta+\delta_{ll}}\hat{k} + \left(\frac{1}{1-\beta+\delta_{ll}} - \frac{1}{\delta_{cl}}\right)\hat{\lambda}$$

在第一个和第二个中括号中通分，得到：

$$\frac{\delta_{lc}\delta_{cl} - \delta_{cc}(1-\beta+\delta_{ll})}{(1-\beta+\delta_{ll})\delta_{cl}}\hat{c} = \frac{\alpha}{1-\beta+\delta_{ll}}\hat{k} + \frac{\delta_{cl}-1+\beta-\delta_{ll}}{(1-\beta+\delta_{ll})\delta_{cl}}\hat{\lambda}$$

求出 $\hat{c}$ 来，得到：

$$\hat{c} = \frac{\alpha \delta_{cl}}{\delta_{lc}\delta_{cl} - \delta_{cc}(1-\beta+\delta_{ll})}\hat{k} + \frac{\delta_{cl}-1+\beta-\delta_{ll}}{\delta_{lc}\delta_{cl} - \delta_{cc}(1-\beta+\delta_{ll})}\hat{\lambda}$$

$$(2-83)$$

另外，在式（2-75）的两边同减去 $\hat{k}$，得到：

$$\hat{y} - \hat{k} = (\alpha-1)\hat{k} + \beta\hat{l}$$

$$= (\alpha-1)\hat{k} + \frac{\beta\hat{\lambda}}{\delta_{cl}} - \frac{\beta\delta_{cc}}{\delta_{cl}}\left[\frac{\alpha\delta_{cl}}{\delta_{lc}\delta_{cl}-\delta_{cc}(1-\beta+\delta_{ll})}\hat{k} + \frac{\delta_{cl}-1+\beta-\delta_{ll}}{\delta_{lc}\delta_{cl}-\delta_{cc}(1-\beta+\delta_{ll})}\hat{\lambda}\right]$$

$$= \left[\alpha-1 - \frac{\alpha\beta\delta_{cc}}{\delta_{lc}\delta_{cl}-\delta_{cc}(1-\beta+\delta_{ll})}\right]\hat{k} + \left[\frac{\beta}{\delta_{cl}} - \frac{\beta\delta_{cc}(\delta_{cl}-1+\beta-\delta_{ll})}{\delta_{cl}[\delta_{lc}\delta_{cl}-\delta_{cc}(1-\beta+\delta_{ll})]}\right]\hat{\lambda}$$

第二个等式是代入式（2-82）得到的，整理之后得到第三个等式。在式（2-83）的两边同减去 $\hat{k}$，得到：

$$\hat{c} - \hat{k} = \left[\frac{\alpha\delta_{cl}}{\delta_{lc}\delta_{cl}-\delta_{cc}(1-\beta+\delta_{ll})}-1\right]\hat{k} + \frac{\delta_{cl}-1+\beta-\delta_{ll}}{\delta_{lc}\delta_{cl}-\delta_{cc}(1-\beta+\delta_{ll})}\hat{\lambda}$$

把这两个式子代入动态方程（2-78）和（2-79）中，得到：

$$\dot{\hat{k}} = \frac{\rho+\delta}{a}(\hat{y}-\hat{k}) - \frac{\rho+(1-a)\delta}{a}(\hat{c}-\hat{k})$$

$$= \frac{\rho+\delta}{a}\left\{\left[\alpha-1-\frac{\alpha\beta\delta_{cc}}{\delta_{lc}\delta_{cl}-\delta_{cc}(1-\beta+\delta_{ll})}\right]\hat{k} + \left[\frac{\beta}{\delta_{cl}} - \frac{\beta\delta_{cc}(\delta_{cl}-1+\beta-\delta_{ll})}{\delta_{cl}[\delta_{lc}\delta_{cl}-\delta_{cc}(1-\beta+\delta_{ll})]}\right]\hat{\lambda}\right\}$$

$$-\frac{\rho+(1-a)\delta}{a}\left\{\left[\frac{\alpha\delta_{cl}}{\delta_{lc}\delta_{cl}-\delta_{cc}(1-\beta+\delta_{ll})}-1\right]\hat{k} + \frac{\delta_{cl}-1+\beta-\delta_{ll}}{\delta_{lc}\delta_{cl}-\delta_{cc}(1-\beta+\delta_{ll})}\hat{\lambda}\right\}$$

$$= \left\{-\delta + \frac{\alpha(\rho+\delta)}{a} - \frac{\alpha\beta(\rho+\delta)\delta_{cc} + \alpha[\rho+(1-a)\delta]\delta_{cl}}{a[\delta_{lc}\delta_{cl}-\delta_{cc}(1-\beta+\delta_{ll})]}\right\}\hat{k}$$

$$+ \left\{\frac{\beta(\rho+\delta)}{a\delta_{cl}} - \frac{(\delta_{cl}-1+\beta-\delta_{ll})[\beta\delta_{cc}(\rho+\delta)-\rho-(1-a)\delta]}{a\delta_{cl}[\delta_{lc}\delta_{cl}-\delta_{cc}(1-\beta+\delta_{ll})]}\right\}\hat{\lambda}$$

$$= \left\{-\delta + \frac{\alpha(\rho+\delta)\delta_{lc}\delta_{cl} - \alpha(\rho+\delta)\delta_{cc} - \alpha(\rho+\delta)\delta_{cc}\delta_{ll} - \alpha[\rho+(1-a)\delta]\delta_{cl}}{a[\delta_{lc}\delta_{cl}-\delta_{cc}(1-\beta+\delta_{ll})]}\right\}\hat{k}$$

$$+\frac{\beta(\rho+\delta)\delta_{lc}\delta_{cl}-\beta(\rho+\delta)\delta_{cc}(1-\beta+\delta_{ll})-(\delta_{cl}-1+\beta-\delta_{ll})[\beta\delta_{cc}(\rho+\delta)-\rho-(1-a)\delta]}{a\delta_{cl}[\delta_{lc}\delta_{cl}-\delta_{cc}(1-\beta+\delta_{ll})]}\lambda$$

$$=\left\{-\delta+\frac{\alpha(\rho+\delta)\delta_{lc}\delta_{cl}-\alpha(\rho+\delta)\delta_{cc}-\alpha(\rho+\delta)\delta_{cc}\delta_{ll}-\alpha[\rho+(1-a)\delta]\delta_{cl}}{a[\delta_{lc}\delta_{cl}-\delta_{cc}(1-\beta+\delta_{ll})]}\right\}k$$

$$+\frac{\beta(\rho+\delta)\delta_{lc}\delta_{cl}+(\delta_{cl}-1+\beta-\delta_{ll})[\rho+(1-a)\delta]+\beta(\rho+\delta)\delta_{cc}\delta_{cl}}{a\delta_{cl}[\delta_{lc}\delta_{cl}-\delta_{cc}(1-\beta+\delta_{ll})]}\lambda$$

上面的第一个等式是把 $\dot{y}-\dot{k}$ 和 $\dot{c}-\dot{k}$ 代入的结果,而第二个等式是合并同类项的结果,第三个等式是经过通分后得到的结果,最后一个等式是经过整理得到的结果。

而

$$\dot{\lambda}=-(\rho+\delta)\left\{\left[\alpha-1-\frac{\alpha\beta\delta_{cc}}{\delta_{lc}\delta_{cl}-\delta_{cc}(1-\beta+\delta_{ll})}\right]\dot{k}+\left[\frac{\beta}{\delta_{cl}}-\frac{\beta\delta_{cc}(\delta_{cl}-1+\beta-\delta_{ll})}{\delta_{cl}[\delta_{lc}\delta_{cl}-\delta_{cc}(1-\beta+\delta_{ll})]}\right]\dot{\lambda}\right\}$$

$$=-(\rho+\delta)\left[\alpha-1-\frac{\alpha\beta\delta_{cc}}{\delta_{lc}\delta_{cl}-\delta_{cc}(1-\beta+\delta_{ll})}\right]\dot{k}-(\rho+\delta)\left[\frac{\beta}{\delta_{cl}}-\frac{\beta\delta_{cc}(\delta_{cl}-1+\beta-\delta_{ll})}{\delta_{cl}[\delta_{lc}\delta_{cl}-\delta_{cc}(1-\beta+\delta_{ll})]}\right]\lambda$$

$$=-(\rho+\delta)\left[\alpha-1-\frac{\alpha\beta\delta_{cc}}{\delta_{lc}\delta_{cl}-\delta_{cc}(1-\beta+\delta_{ll})}\right]\dot{k}$$

$$-(\rho+\delta)\frac{\beta\delta_{lc}\delta_{cl}-\beta\delta_{cc}(1-\beta+\delta_{ll})-\beta\delta_{cc}\delta_{cl}+\beta\delta_{cc}(1-\beta+\delta_{ll})}{\delta_{cl}[\delta_{lc}\delta_{cl}-\delta_{cc}(1-\beta+\delta_{ll})]}\lambda$$

$$=-(\rho+\delta)\left[\alpha-1-\frac{\alpha\beta\delta_{cc}}{\delta_{lc}\delta_{cl}-\delta_{cc}(1-\beta+\delta_{ll})}\right]\dot{k}-(\rho+\delta)\frac{\beta\delta_{lc}\delta_{cl}-\beta\delta_{cc}\delta_{cl}}{\delta_{cl}[\delta_{lc}\delta_{cl}-\delta_{cc}(1-\beta+\delta_{ll})]}\lambda$$

第一个等式是把 $\dot{y}-\dot{k}$ 代入 $\dot{\lambda}$ 后的结果,第三个等式是通分后的结果,经过整理,得到最后一个等式。

在 $\dot{k}$ 中,令 $\dot{k}$ 的系数为:

$$J_{kk}=-\delta+\frac{\alpha(\rho+\delta)\delta_{lc}\delta_{cl}-\alpha(\rho+\delta)\delta_{cc}-\alpha(\rho+\delta)\delta_{cc}\delta_{ll}-\alpha[\rho+(1-a)\delta]\delta_{cl}}{a[\delta_{lc}\delta_{cl}-\delta_{cc}(1-\beta+\delta_{ll})]}$$

在 $\dot{k}$ 中,令 λ 的系数为:

$$J_{k\lambda}=\frac{\beta(\rho+\delta)\delta_{lc}\delta_{cl}+(\delta_{cl}-1+\beta-\delta_{ll})[\rho+(1-a)\delta]+\beta(\rho+\delta)\delta_{cc}\delta_{cl}}{a\delta_{cl}[\delta_{lc}\delta_{cl}-\delta_{cc}(1-\beta+\delta_{ll})]}$$

在 $\dot{\lambda}$ 中,令 $\dot{k}$ 的系数为:

$$J_{\lambda k} = -(\rho+\delta)\left[\alpha - 1 - \frac{\alpha\beta\delta_{cc}}{\delta_{lc}\delta_{cl} - \delta_{cc}(1-\beta+\delta_{ll})}\right]$$

在 $\dot{\lambda}$ 中,令 $\dot{\lambda}$ 的系数为:

$$J_{\lambda\lambda} = -(\rho+\delta)\frac{\beta\delta_{lc}\delta_{cl} - \beta\delta_{cc}\delta_{cl}}{\delta_{cl}[\delta_{lc}\delta_{cl} - \delta_{cc}(1-\beta+\delta_{ll})]}$$

那么,这一动态系统的雅克比矩阵为:

$$J = \begin{pmatrix} J_{kk} & J_{k\lambda} \\ J_{\lambda k} & J_{\lambda\lambda} \end{pmatrix}$$

而雅克比矩阵的迹为:

$$\text{Trace } J = J_{kk} + J_{\lambda\lambda}$$

$$= \frac{\alpha(\rho+\delta)\delta_{lc}\delta_{cl} - \alpha(\rho+\delta)\delta_{cc} - \alpha(\rho+\delta)\delta_{cc}\delta_{ll} - \alpha[\rho+(1-a)\delta]\delta_{cl}}{a[\delta_{lc}\delta_{cl} - \delta_{cc}(1-\beta+\delta_{ll})]}$$

$$-(\rho+\delta)\frac{\beta\delta_{lc}\delta_{cl} - \beta\delta_{cc}\delta_{cl}}{\delta_{cl}[\delta_{lc}\delta_{cl} - \delta_{cc}(1-\beta+\delta_{ll})]} - \delta$$

为了简化符号,令

$\tau = \delta_{lc}\delta_{cl} - \delta_{cc}(1-\beta+\delta_{ll})$

$$\text{Trace } J = \frac{\beta(\rho+\delta)(\delta_{cc}-\delta_{lc})}{\tau} - \frac{\alpha(\rho+\delta)}{a\tau}[\delta_{cc}\delta_{ll} - \delta_{lc}\delta_{cl} + \delta_{cc} + \delta_{cl}] + \frac{\alpha}{\tau}\delta_{cl}\delta - \delta$$

首先考虑 τ 的符号,由于 $\delta_{cl} = \dfrac{lu_{cl}}{u_c}$,$\delta_{lc} = \dfrac{cu_{lc}}{u_l}$,因此,

$$\frac{\delta_{cl}}{\delta_{lc}} = \frac{u_l}{u_c}\frac{l}{c} \qquad (2-84)$$

根据式（2-69），$w = -\dfrac{u_l}{u_c}$，且 $w = \dfrac{bY}{l}$，得到：

$$\frac{u_l}{u_c} = -\frac{bY}{l}$$

把上式代入式（2-84），得到：

$$-\frac{\delta_{cl}}{\delta_{lc}} = b\frac{Y}{c}$$

由于在稳态下，$\mathrm{e}^{y-k} = \dfrac{\rho + \delta}{a}$，$\mathrm{e}^{c-k} = \dfrac{\rho + (1-a)\delta}{a}$，因而，

$$\frac{Y}{c} = \frac{\dfrac{Y}{K}}{\dfrac{c}{K}} = \frac{\rho + \delta}{\rho + (1-a)\delta}$$

所以，

$$-\frac{\delta_{cl}}{\delta_{lc}} = \frac{b\rho + b\delta}{\rho + (1-a)\delta}$$

由于 $b = 1 - a$，上式又可变为：

$$-\frac{\delta_{cl}}{\delta_{lc}} = \frac{b\rho + b\delta}{\rho + b\delta}$$

因而在稳态点，

$$\delta_{cl} = -\frac{b\rho + b\delta}{\rho + (1-a)\delta}\delta_{lc} = h\delta_{lc} \qquad (2-85)$$

其中，

$$h = -\frac{b\rho + b\delta}{\rho + (1-a)\delta}$$

那么，由凹函数的条件，得到：

$$\delta_{cc}\delta_{ll} \leq h\delta_{lc}^2$$

由于 $h<0$，上面的不等式两边同时除以 h，得到：

$$\delta_{lc}^2 \leq \frac{\delta_{cc}\delta_{ll}}{h}$$

由 $\delta_{cc} \leq 0$，$\delta_{ll} \geq 0$ 和 $h<0$，得到不等式的右侧为正。所以，

$$-\sqrt{\frac{\delta_{cc}\delta_{ll}}{h}} \leq \delta_{lc} \leq \sqrt{\frac{\delta_{cc}\delta_{ll}}{h}}$$

下面在 δ_{lc} 的这个取值范围内考虑迹的正负。要想得到不决定性，迹的符号必须是负的，行列式的值必须是正的。

由于

$$\tau = \delta_{lc}\delta_{cl} - \delta_{cc}(1-\beta+\delta_{ll})$$

对上式的右侧进行整理，得到：

$$\tau = \delta_{lc}\delta_{cl} - \delta_{cc}\delta_{ll} - (1-\beta)\delta_{cc} = -\delta_{cc}\delta_{ll} + h\delta_{lc}^2 - (1-\beta)\delta_{cc}$$

上面的第二个等式是把式（2-85）代入后得到的结果。

若 $\beta<1$，应有 $\tau>0$。将 $\delta_{cl} = h\delta_{lc}$ 代入迹的表示式得到：

$$\text{Trace } J = -\delta + \frac{\beta(\rho+\delta)(\delta_{cc}-\delta_{lc})}{\tau} - \frac{\alpha(\rho+\delta)}{a\tau}[\delta_{cc}\delta_{ll} - h\delta_{lc}^2 + \delta_{cc} + h\delta_{lc}] + \frac{\alpha}{\tau}h\delta_{lc}\delta$$

当 $\delta_{lc}=0$ 时，$\delta_{cc}\delta_{ll}=0$，$\tau = -(1-\beta)\delta_{cc}>0$，$\alpha = am$，$\beta = bm$，可得：

$$\text{Trace } J = -\delta - \frac{\beta(\rho+\delta)\delta_{cc}}{(1-\beta)\delta_{cc}} + \frac{m(\rho+\delta)\delta_{cc}}{(1-\beta)\delta_{cc}}$$

$$= -\delta - \frac{\beta(\rho+\delta)}{1-\beta} + \frac{m(\rho+\delta)}{1-\beta}$$

$$= -\delta + \frac{m(1-b)(\rho+\delta)}{1-\beta}$$

$$= \frac{m(1-b)\rho + (m-1)\delta}{1-\beta}$$

上面的第一个等式是把 $\delta_{lc} = 0$，$\alpha = am$，$\beta = bm$ 代入的结果，经过整理去掉分子分母上相同的项，得到第二个等式，第二个等式经过整理得到第三个等式，三个等式经过通分得到最后一个等式。

由于 $\beta = bm$，且 $\beta > b$，所以 $m = \frac{\beta}{b} > 1$。所以，上式大于 0，在 $\delta_{lc} = 0$ 的邻域里有迹大于 0。

$$\text{Trace } J = -\delta + \frac{\beta(\rho+\delta)(\delta_{cc}-\delta_{lc})}{\tau}$$

$$- \frac{\alpha(\rho+\delta)}{a\tau}[\delta_{cc}\delta_{ll} - h\delta_{lc}^2 + \delta_{cc} + h\delta_{lc}] + \frac{\alpha}{\tau}h\delta_{lc}\delta$$

$$= \frac{1}{\tau}\{-\delta[-\delta_{cc}\delta_{ll} + h\delta_{lc}^2 - (1-\beta)\delta_{cc}]$$

$$+ \beta(\rho+\delta)(\delta_{cc}-\delta_{lc}) - m(\rho+\delta)[\delta_{cc}\delta_{ll} - h\delta_{lc}^2$$

$$+ \delta_{cc} + h\delta_{lc}] + \alpha h\delta_{lc}\delta\}$$

$$= \frac{1}{\tau}\{(m-1)\delta[-\delta_{cc}\delta_{ll} + h\delta_{lc}^2]$$

$$+ \delta\delta_{cc} + \beta\rho(\delta_{cc} - \delta_{lc}) - \beta\delta\delta_{lc} - m\rho[\delta_{cc}\delta_{ll} - h\delta_{lc}^2 + \delta_{cc}$$

$$+ h\delta_{lc}] - m\delta(\delta_{cc} + h\delta_{lc}) + \alpha h\delta_{lc}\delta\}$$

当 $\delta_{lc} < 0$ 时，上式可整理为：

$$\text{Trace } J = \frac{1}{\tau}\{(m-1)\delta[-\delta_{cc}\delta_{ll} + h\delta_{lc}^2] - \beta\rho\delta_{lc} - \beta\delta\delta_{lc}$$

$$- m\rho[\delta_{cc}\delta_{ll} - h\delta_{lc}^2 + \delta_{cc} + h\delta_{lc}] + \delta\delta_{cc}$$

$$+ \beta\rho\delta_{cc} - m\delta\delta_{cc} - m\delta h\delta_{lc}(1-a)\}$$

考虑 $\delta\delta_{cc} + \beta\rho\delta_{cc} - m\delta\delta_{cc} = -\delta_{cc}[(m-1)\delta - \beta\rho]$，当 $(m-1)\delta > \beta\rho$ 时，这三项的代数和是正的。而当 $\beta(\rho+\delta) > -mh[\rho+(1-a)\delta]$ 时，$-\beta\rho\delta_{lc} - \beta\delta\delta_{lc} - mph\delta_{lc} = -\delta_{lc}\{\beta(\rho+\delta) + mh[\rho+(1-a)\delta]\} \geq 0$，因而迹是正的。

当 $\delta_{lc} > 0$，$(m-1)\delta > \beta\rho$，且 $\beta(\rho+\delta) < -mh[\rho+(1-a)\delta]$ 时，肯定有迹是正的。所以，不能证明所有的时候迹都是正的或负的。

在这个证明里，他先考虑了 $\delta_{lc} = 0$ 的邻域中雅克比矩阵的迹是正的，然后考虑了当 $\delta_{lc} < 0$ 时，迹也是正的，而在 $\delta_{lc} > 0$ 时，在两个条件下，迹是正的。而不决定性要求迹是负的，所以，他实际上证明了不会产生不决定性的条件。下面他考虑了不决定性的条件：Frisch 劳动供给曲线的斜率问题。

Frisch 劳动供给曲线是消费的边际效用保持常数时的劳动供给曲线。接下来先求出这一劳动供给曲线。

由式 (2-69)，可得：

$$w = -\frac{u_l}{u_c}$$

两边取对数，得到：

$$\ln w = \ln(-u_l) - \ln u_c$$

两边关于时间 t 求导，得到：

$$\dot{\tilde{w}} = \frac{-u_{ll}l}{-u_l}\mathrm{d}\tilde{l} + \frac{-u_{lc}c}{-u_l}\mathrm{d}\tilde{c} - \frac{u_{cl}l}{u_c}\mathrm{d}\tilde{l} - \frac{u_{cc}c}{u_c}\mathrm{d}\tilde{c}$$

$$= (\delta_{ll} - \delta_{cl})\mathrm{d}\tilde{l} + (\delta_{cc} - \delta_{lc})\mathrm{d}\tilde{c} \qquad (2-86)$$

由于 Frisch 劳动供给曲线是在式 (2-66) 成立，即

$\Lambda = u_c$ 的基础上定义的，所以

$$\lambda = \ln\Lambda = \ln u_c$$

在上式两边对 t 求导，得到：

$$\mathrm{d}\lambda = \frac{lu_{cl}}{u_c}\mathrm{d}\ln l + \frac{cu_{cc}}{u_c}\mathrm{d}\ln c$$

即

$$\mathrm{d}\lambda = \delta_{cl}\mathrm{d}\tilde{l} + \delta_{cc}\mathrm{d}\tilde{c}$$

所以，

$$\mathrm{d}\tilde{c} = \frac{\mathrm{d}\lambda}{\delta_{cc}} - \frac{\delta_{cl}}{\delta_{cc}}\mathrm{d}\tilde{l}$$

把上式代入式（2-86），得到：

$$\begin{aligned}\mathrm{d}\tilde{w} &= (\delta_{ll} - \delta_{cl})\mathrm{d}\tilde{l} + (\delta_{lc} - \delta_{cc})\mathrm{d}\tilde{c} \\ &= \left(\frac{\delta_{lc}}{\delta_{cc}} - 1\right)\mathrm{d}\lambda - \left(\frac{\delta_{cl}\delta_{lc}}{\delta_{cc}} - \delta_{cl}\right)\mathrm{d}\tilde{l} + (\delta_{ll} - \delta_{cl})\mathrm{d}\tilde{l} \\ &= \left(\frac{\delta_{lc}}{\delta_{cc}} - 1\right)\mathrm{d}\lambda + \left(\delta_{ll} - \frac{\delta_{cl}\delta_{lc}}{\delta_{cc}}\right)\mathrm{d}\tilde{l}\end{aligned}$$

对上式的两边积分，得到：

$$\tilde{w} = \text{Con.} + \left(\frac{\delta_{lc}}{\delta_{cc}} - 1\right)\lambda + \left(\delta_{ll} - \frac{\delta_{cl}\delta_{lc}}{\delta_{cc}}\right)\tilde{l}$$

其中第一项 Con. 表示常数。可以看到，因为 $\lambda = \ln u_c$，当 u_c 是常数时，λ 也是常数。那么，$\tilde{w} = \ln w$ 就只是 $\tilde{l} = \ln l$ 的函数。而 $\tilde{l}$ 的系数 $\left(\delta_{ll} - \dfrac{\delta_{cl}\delta_{lc}}{\delta_{cc}}\right)$ 就是 Frisch 劳动供给曲线的斜率。根据命题 2-1，若 $u(c, l)$ 关于 (c, l) 是凹函数的

话，应该有 $\delta_{cc}\delta_{ll} \leq \delta_{cl}\delta_{lc}$ 成立。不等式两边同时除以 δ_{cc}，由于 $\delta_{cc} < 0$，所以应有 $\delta_{ll} \geq \dfrac{\delta_{cl}\delta_{lc}}{\delta_{cc}}$ 成立，也就是 $\delta_{ll} - \dfrac{\delta_{cl}\delta_{lc}}{\delta_{cc}} \geq 0$。Frisch 劳动供给曲线的斜率不可能是负的。

命题 2-2 Frisch 劳动供给曲线的斜率为负，当且仅当即时效用不是凹函数时。

证明：若 $\bar{\lambda}$ 是常数的话，斜率为 $\dfrac{\delta_{cc}\delta_{ll} - \delta_{cl}\delta_{lc}}{\delta_{cc}}$，由分母为负，分子为负，得到斜率为正。因而，当效用函数为凹函数时，Frisch 劳动供给曲线的斜率是不可能为负的。Q. E. D.

由这一命题得到，如果即时效用函数 $u(c, l)$ 关于 (c, l) 是凹函数的话，Bennet 和 Farmer（2000）给出的不决定性的条件是不会成立的。我们在求解动态最优化问题时需要即时效用函数 $u(c, l)$ 关于 (c, l) 是凹函数的条件，但是，它不能使 Frisch 劳动供给曲线均有负的斜率，而这又是生成不决定性所需要的。那么，就需要考虑别的产生不决定性的条件，而不仅仅是依赖生产的外部性。

三 JR 效用函数

Jaimovich 和 Rebelo（2009）提出了一个新的即时效用函数，被称为 JR 效用函数。他们研究了信息冲击对于景气循环的影响，使用他们的新的效用函数研究了未来的技术进步信息，怎样造成产出、消费、投资、劳动供给的共移和随之而产生的实际工资的升高或下降。

Jaimovich（2008）使用同样的模型来研究一个部门的不决定性问题。因为产生景气循环的条件与产生不决定性的条件除去不确定性的因素外,其他的都很相似。他把注意的焦点从不决定性对总计规模报酬递增的依赖转向不决定性对闲暇的收入效应的依赖,研究了竞争均衡怎样依赖闲暇需求的收入效应的大小,量化了唯一性的区域和均衡的不决定性区域,而均衡的不决定性区域是用收入效应程度的函数表示的。这证明了均衡的不决定性对于收入效应程度的依赖。他通过对数据的分析得到如下结果:当效用函数属于不显示闲暇需求上的收入效应时,不决定性均衡不能存在。因而在内生的劳动供给的模型中,闲暇需求上的收入效应的存在,是不决定性存在的必要条件。而这个收入效应不能太强也不能太弱。因而他提出了一个收入效应可变的效用函数,就是 JR 效用函数。

JR 效用函数为:

$$U = E_0 \sum_{t=0}^{\infty} \beta^t \frac{(C_t - \psi X_t H_t^{1+\chi})^{1-\sigma} - 1}{1-\sigma}$$

s.t. $X_t = C_t^{\gamma} X_{t-1}^{1-\gamma}$

$\psi > 0, \sigma > 0, \gamma > 0$

当效用函数是劳动时间和消费可分离的函数时,

$$\max_{C_t, H_t} \int_0^{\infty} \ln(C_t - \psi H_t^{1+\chi}) e^{-\rho t} dt$$

s.t. $\dot{K}_t = (r_t - \delta) K_t + w_t H_t - C_t + \Pi_t$

生产函数为:

$$x_t = K_t^q H_t^b (\overline{K}_t^{q\theta_1} \overline{H}_t^{b\theta_2})$$

令

$$\alpha = q(1+\theta_1)$$
$$\beta = b(1+\theta_2)$$

在对称均衡中，$Y_t = K_t^\alpha H_t^\beta$。

在这个特殊的例子中，可以证明，动态的行列式的符号可由 $\dfrac{\beta-(1-\alpha)(1-\chi)}{1+\chi-\beta}$ 的符号来决定，行列式是正的，而迹是负的，当且仅当

$$\left(\frac{\delta+\rho}{q}\right)\left[\frac{\beta-(1-\alpha)(1-\chi)}{1+\chi-\beta}\right] < 0$$

所以不决定性存在的动态行列式是正的和迹是负的的条件不能同时被满足。

宏观经济学的动态模型研究多使用两种效用函数，一种被称为 GHH 效用（Greenwood, Hercowitz, and Huffman, 1988），另一种是 KPR 效用（King, Plosser and Rebelo, 1988）。在 JR 效用函数的模型中，当 $\gamma = 0$ 时，GHH 效用为：

$$U = \sum_{t=0}^{\infty} \beta^t \frac{(C_t - \psi X H_t^{1+\chi})^{1-\sigma} - 1}{1-\sigma}$$

而当 $\gamma = 1$ 时，KPR 效用为：

$$U = \sum_{t=0}^{\infty} \beta^t \frac{C_t^{1-\sigma}(1-\psi H_t^{1+\chi})^{1-\sigma} - 1}{1-\sigma}$$

（一）收入效应的动态 Hicksian 分解

首先，研究代理人在面对 TFP 上永久的 1% 的增加时在工作小时上所做的反应。对于 $\gamma \in [0, 1]$，这个永久的冲击把生涯效用从 U^* 提高到 $U^*(\gamma)$。最强的对于工作时间的反应是 $\gamma = 0$ 时，也就是 GHH 效用函数。在这种情况下缺少收

入效应,工作时间不稳定,反映了实际工资率的永久上升,以及工作时间的不断增加。对于 KPR 效用,$\gamma=1$,当冲击后工作时间收敛于稳态,但是短期的工作时间的反应是弱的。当 $\gamma \in (0, 1)$ 时,工作时间也收敛于稳态,但是短期的工作时间对 TFP 冲击的反应落在 GHH 与 KPR 效用之间。

为了计算收入的影响,假设 $\gamma \in [0, 1]$,劳动供给的消费者得到一个产出的转移,而工资率和利息率保持在稳态不变。

设转移代理人的最大效用为 $U^*(\gamma)$。解以下问题得到:

$$\max \sum_{t=0}^{\infty} \beta^t \frac{(C_t - \psi X_t H_t^{1+\chi})^{1-\sigma} - 1}{1-\sigma} + \sum_{t=0}^{\infty} \beta^t \lambda_t [w_t H_t + (1+r_t) A_t + \zeta_t - C_t - A_{t+1}] + \sum_{t=0}^{\infty} \beta^t \varphi_t (X_t - C_t^{\gamma} X_{t-1}^{1-\gamma})$$

其中,ζ_t 表示转移,A_t 表示 t 期的财富。基于动态 Hicksian 分解,GHH 效用的收入效应为 0,KPR 效用的收入效应为负。对 JR 偏好来说,收入效应随时间而变。如同总的劳动时间对 $0 < \gamma < 1$ 的反应在长期收敛于 KPR 效用的收入效应。

(二) 关于不决定性的意义的讨论

为了厘清在不决定性上收入效应所扮演的角色,使用与 Benhabib 和 Farmer (1994) 相同的模型,将 JR 效用函数作为效用函数。

从根据规模报酬总计的 $\alpha + \beta$ 和 γ 的不同水平而刻画不决定性的趋势开始得到结果,对于规模报酬总计水平,$\gamma = 0$ 时不存在不决定性均衡(无收入效应存在的情况)。进一步,通过作图知道,存在一个使得不决定性均衡存在的 γ 的最小值。为了使不决定性存在，必须存在一个足够强的与太阳黑子冲击相同的劳动供给的反射。然而，由于劳动需求曲线在冲击期间是被固定的，所以会有相应的替代出现：总劳动需求或者是下降的，或者是上升的，但是它总有一个比劳动供给更小的斜率，收入效应"太强"，会倾向于反不决定性而工作。Jaimovich（2008）还用图展示了这个情况：对所有的规模报酬总计水平，存在一个与不决定性相一致的 γ 的最大水平。最后如同所期望的，他的图展示了规模报酬总计水平越高，使不决定性存在的 γ 的范围就越小。

Jaimovich（2008）使用了数量的模拟来说明新的效用函数，JR效用函数对产生闲暇需求上的收入效应起作用，而正是这一大小合适的收入效应在生产规模报酬递增的情况下，产生了不决定性均衡。而由于JR效用函数产生的闲暇需求上的收入效应是变动的，所以我们可以找到合适的闲暇需求上的收入效应。

JR效用函数虽然有可变的收入效应的优点，但是作者在后面几章中证明，多期间的JR效用函数关于消费和工作时间并不是凹函数，这并不能保证动态解的内部性和唯一性，因而对不决定性均衡所要求的稳态点是唯一的和内部的不能保证，所以，不决定性的存在性并不能保证。因而，寻求新的效用函数的形式、减少生产的外部性的程度是现在面临的一个课题。

四　一个部门不决定性的其他研究

Aloso–Carrera、Caballe 和 Raurich（2005）使用类似的效用函数研究了习惯的问题。他们研究了两种习惯的导入方式：内部的习惯定式模型，即个人的习惯与自己过去的消费一致；外部的习惯定式（或 catching up with the Joneses）模型，其中习惯产生于经济中过去的平均消费。

当习惯被多重地导入资本蓄积模型后，消费者的目标函数会失去凹性。论文给出了保证消费者问题的内部解存在的条件，也证明外部习惯的导入使得均衡路径无效，需要求出最佳的税收政策来刻画最佳的均衡路径。

在模型中，假设消费者的效用在一个给定的期间依赖现时自己的消费和一个参考水平，而这一参考水平则由过去自己的消费和经济中过去的平均消费决定。很明显，过去平均消费的导入就意味着消费具有外部性。论文考虑两个极端情况：一是没有外部性的内部习惯定式化的情况；二是参考水平是自己过去的消费和外部的习惯定式的情况，参考变量是在经济中过去的平均消费。这篇论文讨论了即时效用函数在内部化的习惯的乘法定式下不是凹的。在这种情况下，消费者的最大化问题的凸性不被保证，且消费者选择的最优路径会不是内部的，但他们没有给出具体证明。因此，他们在论文中对参数的集合做了假设，假设各期之间的替代弹性的倒数 $\sigma > 1$，在此假设之下，使用通常的一阶条件刻画了内部均衡路径。但一般的经济学论文通常都假设 $\sigma < 1$。这一假设违背了经济学模型的通常的认识。

论文也刻画了前面两个极端模型的均衡路径，而且证明在两种情况下，动态均衡渐近地收敛于一个均齐增长路径，沿着这个路径，产出、消费和资本以一个共同的常数比例增长。论文指出，习惯的导入增加了长期的增长率，因为它提高了消费者把消费从现在转到将来的意愿。论文也证明，当生产函数关于资本是线性时，两个模型的增长率显示了单调的移性，然而，当生产函数关于资本规模递减时，它们会表现为非单调的行为。在后面的情况下，移行的动态既依赖资本的值也依赖消费的参考值，而当生产函数有规模报酬不变时，移行仅依赖资本与消费的参考水平的比率。这意味着生产函数的特化有在国家之间收敛的意味。

消费外部性的引进使得习惯的部分只参考经济中过去的平均消费的模型均衡不是有效的。使用这样的事实：内部的习惯定式模型的均衡解对应着 catching up with the Joneses 模型的有效解，接着，证明在两个模型中得到的均衡解在长期中是一致的。然而这两个解在移行中是不同的。在 catching up with the Joneses 模型中消费者各期之间替代消费的意愿由于不是最优的而产生不效率。这种不效率的来源，可以被合适的税收政策改正。因而，对比两种定式化的解，可以得出最优所得税率。

最优所得税率的刻画显示了不效率的动态性质，它影响各期之间替代消费的意愿。这样，资本积累的方式被修改了。

（一）论文的模型

考虑一个面对无限区间的恒等的王朝的离散时间的经济。每个王朝人数也是恒等的，假设人口以一个常数的外生增长率 $n > -1$ 增长。假设消费者在 t 期的效用既依赖 c_t 也依赖变量 v_t，它代表了生活标准，被作为进行现在消费比较的一个参考。这个生活标准由过去的消费经历所决定。设

$$v_t = c_{t-1}^{\theta} \bar{c}_{t-1}^{1-\theta} \qquad (2-87)$$

其中，$\theta \in [0, 1]$。$\bar{c}_{t-1}$ 是经济在 $t-1$ 期的平均消费。

当 $\theta = 1$ 时，这个定式与内部的习惯定式（IH）模型相同，当 $\theta = 0$ 时，这个定式相当于 catching up with the Joneses (CJ) 模型。

$$u_t = \frac{1}{1-\sigma}\left[\left(\frac{c_t}{v_t^\gamma}\right)^{1-\sigma} - 1\right]$$

其中，$\sigma > 0$，$\gamma \in (0, 1)$。其中 γ 是度量消费参考重要性的参数，当 $\gamma = 0$ 时，σ 与消费替代弹性的倒数相同。

$$u_t = \frac{1}{1-\sigma}\left\{\left[c_t^{1-\gamma}\left(\frac{c_t}{v_t}\right)^\gamma\right]^{1-\sigma} - 1\right\} \quad (2-88)$$

这样，效用既依赖自己的消费，也依赖自己消费相对于参考水平的比例。注意当 $\gamma = 0$ 时，即时效用函数不依赖 v_t，而且关于 c_t 和 v_t 是凹的。然而，当 $\gamma > 0$ 时，即时效用函数依赖 v_t，而且关于 (c_t, v_t) 不是凹的。

每个消费者有 k_t 单位的资本禀赋，生产函数为：

$$f(k_t) = Ak_t + Bk_t^\beta \quad (2-89)$$

其中，$A > 0$，$B \geq 0$，$\beta \in (0, 1)$。注意，这一生产函数表示当 k_t 很大时，其类似于 $A-k$ 模型，当 k_t 很小时，有生产规模报酬递减的效果。

产出可被用于消费也可用于在新资本上的投资，有下列约束：

$$f(k_t) \geq c_t + (1+n)k_{t+1} - (1-\delta)k_t, t = 0, 1, \cdots \quad (2-90)$$

效用为：

$$\sum_{t=0}^{\infty}\left(\frac{1}{1+\rho}\right)^t u_t \quad (2-91)$$

在时刻 0，每个王朝选择 $\{c_t, k_{t+1}\}_{t=0}^{\infty}$，在满足式（2-90）的基础上去最大化式（2-91），把平均消费 $\{\bar{c}_t\}_{t=1}^{\infty}$ 的路径当作给定的，也把 $k_0 > 0$，$c_{-1} > 0$（自己的过去消费）也当作给定的。在这一动态最优化问题中 k_t 和 v_t 是状态变量。而前一状态变量仅被个人的消费选择所影响，而后者既由个人的选择也由平均消费的外生路径所决定。

引理 2-1 若路径 $\{c_t, k_{t+1}\}_{t=0}^{\infty}$ 被一个王朝所选择，且是严格正的，则下列条件成立：

$$\frac{1}{1+\rho}\left(\frac{\dfrac{\partial u_{t+1}}{\partial c_{t+1}} + \dfrac{1}{1+\rho}\dfrac{\partial u_{t+2}}{\partial v_{t+2}}\dfrac{\partial v_{t+2}}{\partial c_{t+1}}}{\dfrac{\partial u_t}{\partial c_t} + \dfrac{1}{1+\rho}\dfrac{\partial u_{t+1}}{\partial v_{t+1}}\dfrac{\partial v_{t+1}}{\partial c_t}}\right) = \frac{1+n}{1+f'(k_{t+1})-\delta}$$

$$(2-92)$$

证明：设立拉格朗日函数：

$$L(c, k, \lambda) = \sum_{t=0}^{\infty}\left(\frac{1}{1+\rho}\right)^t u_t + \sum_{t=0}^{\infty}\lambda_t[f(k_t) - c_t - (1+n)k_{t+1} + (1-\delta)k_t]$$

得到 L 关于 c_t 的一阶条件：

$$\frac{\partial L}{\partial c_t} = \left(\frac{1}{1+\rho}\right)^t \frac{\partial u_t}{\partial c_t} + \left(\frac{1}{1+\rho}\right)^{t+1} \frac{\partial u_{t+1}}{\partial v_{t+1}}\frac{\partial v_{t+1}}{\partial c_t} - \lambda_t \leq 0$$

$$\frac{\partial L}{\partial c_t} c_t = 0$$

横截条件为：

$$\lim_{t \to \infty}\left[\left(\frac{1}{1+\rho}\right)^t \frac{\partial u_t}{\partial c_t} - \lambda_t\right] \leq 0$$

由引理假设可知，$c_t > 0$，由 $\dfrac{\partial L}{\partial c_t} c_t = 0$，得到 $\dfrac{\partial L}{\partial c_t} = 0$。

L 关于 k_{t+1} 的一阶条件为：

$$\frac{\partial L}{\partial k_{t+1}} = -\lambda_t(1+n) + \lambda_{t+1}[f'(k_{t+1}) + 1 - \delta] \leqslant 0$$

$$\frac{\partial L}{\partial k_{t+1}} k_{t+1} = 0$$

同样，由引理假设可知，$k_{t+1} > 0$，由 $\dfrac{\partial L}{\partial k_{t+1}} k_{t+1} = 0$，得到 $\dfrac{\partial L}{\partial k_{t+1}} = 0$。

由 L 关于 c_{t+1} 的一阶条件，得到：

$$\left(\frac{1}{1+\rho}\right)^{t+1} \frac{\partial u_{t+1}}{\partial c_{t+1}} + \left(\frac{1}{1+\rho}\right)^{t+2} \frac{\partial u_{t+2}}{\partial v_{t+2}} \frac{\partial v_{t+2}}{\partial c_{t+1}} - \lambda_{t+1} = 0$$

整理上式得到：

$$\lambda_{t+1} = \left(\frac{1}{1+\rho}\right)^{t+1} \frac{\partial u_{t+1}}{\partial c_{t+1}} + \left(\frac{1}{1+\rho}\right)^{t+2} \frac{\partial u_{t+2}}{\partial v_{t+2}} \frac{\partial v_{t+2}}{\partial c_{t+1}}$$

把上式代入关于 k_{t+1} 的一阶条件，得到：

$$\lambda_t = \frac{\lambda_{t+1}[f'(k_{t+1}) + 1 - \delta]}{1+n}$$

$$= \frac{\left[\left(\dfrac{1}{1+\rho}\right)^{t+1} \dfrac{\partial u_{t+1}}{\partial c_{t+1}} + \left(\dfrac{1}{1+\rho}\right)^{t+2} \dfrac{\partial u_{t+2}}{\partial v_{t+2}} \dfrac{\partial v_{t+2}}{\partial c_{t+1}}\right][f'(k_{t+1}) + 1 - \delta]}{(1+n)}$$

再把上式代入关于 c_t 的一阶条件，得到：

$$\left(\frac{1}{1+\rho}\right)^t \frac{\partial u_t}{\partial c_t} + \left(\frac{1}{1+\rho}\right)^{t+1} \frac{\partial u_{t+1}}{\partial v_{t+1}} \frac{\partial v_{t+1}}{\partial c_t}$$

$$= \frac{\left[\left(\dfrac{1}{1+\rho}\right)^{t+1} \dfrac{\partial u_{t+1}}{\partial c_{t+1}} + \left(\dfrac{1}{1+\rho}\right)^{t+2} \dfrac{\partial u_{t+2}}{\partial v_{t+2}} \dfrac{\partial v_{t+2}}{\partial c_{t+1}}\right][f'(k_{t+1}) + 1 - \delta]}{(1+n)}$$

在上式的两边同时乘以 $\left[\left(\dfrac{1}{1+\rho}\right)^{t+1}\dfrac{\partial u_{t+1}}{\partial c_{t+1}}+\left(\dfrac{1}{1+\rho}\right)^{t+2}\dfrac{\partial u_{t+2}}{\partial v_{t+2}}\dfrac{\partial v_{t+2}}{\partial c_{t+1}}\right]^{-1}$, 得到：

$$\frac{\left(\dfrac{1}{1+\rho}\right)^{t}\dfrac{\partial u_t}{\partial c_t}+\left(\dfrac{1}{1+\rho}\right)^{t+1}\dfrac{\partial u_{t+1}}{\partial v_{t+1}}\dfrac{\partial v_{t+1}}{\partial c_t}}{\left[\left(\dfrac{1}{1+\rho}\right)^{t+1}\dfrac{\partial u_{t+1}}{\partial c_{t+1}}+\left(\dfrac{1}{1+\rho}\right)^{t+2}\dfrac{\partial u_{t+2}}{\partial v_{t+2}}\dfrac{\partial v_{t+2}}{\partial c_{t+1}}\right]}=\frac{f'(k_{t+1})+1-\delta}{(1+n)}$$

化简得到：

$$\frac{\dfrac{\partial u_t}{\partial c_t}+\left(\dfrac{1}{1+\rho}\right)\dfrac{\partial u_{t+1}}{\partial v_{t+1}}\dfrac{\partial v_{t+1}}{\partial c_t}}{\left[\left(\dfrac{1}{1+\rho}\right)\dfrac{\partial u_{t+1}}{\partial c_{t+1}}+\left(\dfrac{1}{1+\rho}\right)^{2}\dfrac{\partial u_{t+2}}{\partial v_{t+2}}\dfrac{\partial v_{t+2}}{\partial c_{t+1}}\right]}=\frac{1+f'(k_{t+1})-\delta}{(1+n)}$$

再对上式的两边求倒数，得到：

$$\frac{\left(\dfrac{1}{1+\rho}\right)\left[\dfrac{\partial u_{t+1}}{\partial c_{t+1}}+\left(\dfrac{1}{1+\rho}\right)\dfrac{\partial u_{t+2}}{\partial v_{t+2}}\dfrac{\partial v_{t+2}}{\partial c_{t+1}}\right]}{\dfrac{\partial u_t}{\partial c_t}+\left(\dfrac{1}{1+\rho}\right)\dfrac{\partial u_{t+1}}{\partial v_{t+1}}\dfrac{\partial v_{t+1}}{\partial c_t}}=\frac{1+n}{1+f'(k_{t+1})-\delta}$$

最优条件式（2-92）表示时间 t 和 $t+1$ 之间的消费的边际替代率等于相应的边际变形率（$MRT_{t,t+1}$）。注意 $MRT_{t,t+1}$ 既依赖自己的消费也依赖过去的平均消费。更详细地，$MRT_{t,t+1}$ 是 c_{t-1}、c_t、c_{t+1}、c_{t+2} 和平均消费 $\bar{C}_{t-1}$、$\bar{C}_t$、$\bar{C}_{t+1}$ 所决定的。由于路径 $\{c_t,k_{t+1}\}_{t=0}^{\infty}$ 由一个王朝所选择，是平均消费路径 $\{\bar{C}_t\}_{t=-1}^{\infty}$ 的函数，下一个定义明确了竞争均衡的不动点性质。

定义 2-1 一个均衡路径 $\{c_t,k_{t+1}\}_{t=0}^{\infty}$ 是一个王朝最

优化问题的解,当 $\overline{C}_t = C_t$ 时,其对任意 t 成立。

令 $x_t = \dfrac{c_t}{c_{t-1}}, h_t = \dfrac{u_{t+1}}{u_t}, z_t = \dfrac{k_t}{c_{t-1}}, m_t = \dfrac{f(k_t)}{k_t}$。

定义 2-2　一个稳态路径 $\{x_t, h_t, z_t, m_t\}_{t=0}^{\infty}$ 是一个这样的路径,沿着这个路径 x_t、h_t、z_t、m_t 都是常数。

定义 2-3　一个均齐增长路径 $\{x_t, h_t, z_t, m_t\}_{t=0}^{\infty}$ 是一个稳态的均衡路径。

由 m_t 的定义可知,一个 BGP 有一个为常数的资本的边际产品。因为 $\dfrac{f(k)}{k}$ 是常数,所以 $f(k) = ak$,$f'(k) = a$。

定义以下参数:

$$\varepsilon = \frac{\gamma}{1+\rho}, \Delta = \gamma + \sigma(1-\gamma), \varphi = \frac{1+A-\delta}{(1+n)(1+\rho)}$$

命题 2-3　令 $\varphi > 1$,设对任意给定的 $z_0 > 0$,$m_0 > 0$,存在仅有的一个严格正的均衡路径 $\{x_t, h_t, z_t, m_t\}_{t=0}^{\infty}$,且它收敛于一个严格正的均齐增长路径。

(1) 沿着均衡路径下列条件被满足:

$$z_{t+1} = \left(\frac{z_t}{x_t}\right)\left(\frac{m_t + 1 - \delta}{1+n}\right) - \frac{1}{1+n} \quad (2-93)$$

$$x_{t+1} = (h_t)^{\frac{1}{1-\sigma}} x_t^{\gamma} \quad (2-94)$$

$$m_{t+1} = A + (m_t - A)\left(\frac{1}{1+n}\right)^{\beta-1}\left(m_t + 1 - \delta - \frac{x_t}{z_t}\right)^{\beta-1} \quad (2-95)$$

$$\left(\frac{1}{1+\rho}\right)\left(\frac{h_t}{x_{t+1}}\right)\left(\frac{1-\theta\varepsilon h_{t+1}}{1-\theta\varepsilon h_t}\right) = \frac{1+n}{1+A(1-\beta)+\beta m_{t+1}-\delta} \quad (2-96)$$

(2) 均衡路径收敛于严格正的 BGP 满足:

$$x = \varphi^{\frac{1}{A}} > 1 \qquad (2-97)$$

$$m = A \qquad (2-98)$$

$$z = \frac{x}{(1+A-\delta)-(1+n)x} \qquad (2-99)$$

$$h = \varphi^{\frac{1-A}{A}} \qquad (2-100)$$

等式 (2-93) 从预算约束中来, 式 (2-94) 从 h_t 的定义中来, 式 (2-95) 从 m_t 的定义中来, 式 (2-96) 是一阶条件。由于当 $\theta \neq 0$ 时, 即时效用函数不是凹的, 所以式 (2-93) ~ (2-96) 不能刻画均衡路径。我们加上对 σ 值的限制来使上述条件与内部的均衡路径存在的条件一致。

命题 2-4 令 $\theta > 0$, 设对给定的 $z_0 > 0$, $m_0 > 0$ 存在一个严格的正的均衡路径 $\{x_t, h_t, z_t, m_t\}_{t=0}^{\infty}$, 则 $\sigma \geq 1$。

由命题 2-4 可知, 若 $\sigma < 1$, 则当 $\theta > 0$ 时, 动态最优问题的解就不能是内部的。

命题 2-5 给出了内部均衡路径的充分条件。

命题 2-5 令 $\sigma \geq 1$, $\varphi > 1$。假设对所有初始值 $z_0 > 0$ 和 $m_0 > 0$, 仅存在一个唯一的路径 $\{x_t, h_t, z_t, m_t\}_{t=0}^{\infty}$, 它是微分方程系统 (2-93) ~ (2-96) 的解, 这个路径是严格正的且收敛于一个严格正的稳态路径。则路径 $\{x_t, h_t, z_t, m_t\}_{t=0}^{\infty}$ 是一个均衡路径。进一步来说, 表示式 (2-97) ~ (2-100) 是经济的唯一的严格正的 BGP。

命题 2-5 告诉我们, 当 $\sigma \geq 1$, $\varphi > 1$ 时, 对任意的 $\theta \in [0, 1]$ 的值来说, 收敛于内部 BGP 的一个均衡路径是由式 (2-91) ~ (2-96) 所构成的动态系统和初始条件所刻画的。特别地,我们将使用前面的方程系统去刻画下列两个极端模型的动态均衡,这两个模型可以在文献中看到:内部的习惯定式(IH)模型和 catching up with the Joneses (CJ)模型。我们将看到这两个模型都展现出朝着一个唯一的 BGP 的鞍点稳定性,这样,在命题 2 – 5 的假设下是明显满足的。

相对于 BGP 的性质,经济增长在式(2 – 91)中给出的稳定率 x 随着长期度量总要素生产力(TFP)的参数 A 的值而增加。这个结果后能直观地由 Keynes – Ramsey 方程(2 – 93)得到。从这个方程中,我们观察到,TFP 的提高减少了把资源转到将来的成本,这样,驱使将来消费的依据现在消费的价格下降,这样经济增长率一定上升。

如果习惯变得更重要(这量化为参数 γ 的增加),当 $\sigma > 1$ 时,则增长率上升。更进一步地,对高的 γ 的值,TFP 的增加对增长率的影响更大。这种情况出现是因为习惯的导入使得时间替代弹性变大,这加速了经济增长,因为现在与过去的消费比率增加。

(二) 内部习惯下的均衡 (IH)

在这个问题的讨论中,$v_t = c_{t-1}$,即没有消费的外部性。Keynes – Ramsey 方程变为:

$$\left(\frac{1}{1+\rho}\right)\left(\frac{h_t}{x_{t+1}}\right)\left(\frac{1-\varepsilon h_{t+1}}{1-\varepsilon h_t}\right) = \frac{1+n}{1+A(1-\beta)+\beta m_{t+1}-\delta}$$

$$(2-101)$$

方程的左边是在内部习惯定式化下的各期之间边际替代率($MRS_{t,t+1}^{IH}$)。

给定初始条件 $m_0 = \frac{f(k_0)}{k_0}$ 和 $z_0 = \frac{k_0}{c_{-1}}$，我们可以定义 IH 模型的一个内部均衡路径为严格正的路径 $\{x_t, h_t, z_t, m_t\}_{t=0}^{\infty}$，其满足差分方程（2-93）~（2-95）、（2-101）和相应的横截条件。IH 模型的 BGP 由表示式（2-97）~（2-100）给出，这些表示式并不依赖参数 θ。

下面的两个命题刻画了经济系统在 BGP 邻域里的动态移行。

命题 2-6 IH 模型的 BGP 是鞍点稳定的。

命题 2-5 和 2-6 允许我们去得到这样的结论：对一个给定的初始条件 z_0 和 m_0，若其充分接近于稳态 z 和 m，则存在一个唯一的均衡路径。更进一步地，这一均衡路径收敛于 BGP 的鞍点路径。

命题 2-7 给定初始条件 $z_0 > 0$ 和 $m_0 > 0$，IH 模型满足下列条件。

（1）若 $B = 0$，则变量 x_t 和 h_t 沿着 BGP 的移行都展现为一个单调的行动。特别地，若 $z_0 < z$（$z_0 > z$），变量 x_t、h_t 将朝着相应的稳态值递增（递减）。

（2）若 $B > 0$，则变量 x_t 和 h_t 沿着 BGP 的移行可展现为一个非单调的行动。

当 $B = 0$，技术由 A-k 模型所刻画，因此 $m_t = A$。在这种情况下，仅存在一个状态变量 z_t，变量 x_t 和 h_t 只依赖状态变量的初始值 z_0。然而，当 $B > 0$ 时，存在两个状态变量 z_t 和 m_t，而变量 x_t 和 h_t 的移行依赖这两个状态变量的特殊的初始值。因而这一移行可能不是单调的。因此，我们的模型可以产生一个增长率的非单调的行动。

(三) catching up with the Joneses (CJ) 下的均衡

在表示式 (2-87) 中令 $\theta=0$。这意味着消费的前一期间的总平均值是现在消费的参考水平,即 $v_t = \bar{c}_{t-1}$。因此,模型表现出典型的 catching up with the Joneses 模型性质,由于过去的平均消费作为一份负的外部性进入消费者的效用。

下一步得到刻画这一特殊模型的方程。由于 $\theta=0$,Keynes-Ramsey 方程 (2-96) 变为:

$$\left(\frac{1}{1+\rho}\right)\left(\frac{h_t}{x_{t+1}}\right) = \frac{1+n}{1+A(1-\beta)+\beta m_{t+1}-\delta} \quad (2-102)$$

式 (2-102) 的左侧是这一模型的边际替代率 ($MRS_{t,t+1}^{CJ}$)。使用前文引进的 h_t,式 (2-100) 变为:

$$x_{t+1} = x_t^{\frac{\gamma(\sigma-1)}{\sigma}} \left[\frac{1+A(1-\beta)+\beta m_{t+1}-\delta}{(1+n)(1+\rho)}\right]^{\frac{1}{\sigma}} \quad (2-103)$$

与 IH 模型比较,均衡现在被完全地由三个变量所描述:z_t、m_t 和 x_t。前两个是状态变量,而第三个是控制变量。因此,给定初始条件 $m_0 = \frac{f(k_0)}{k_0}$,$z_0 = \frac{k_0}{c_{-1}}$,就得到一个 CJ 模型的均衡路径,严格的正的路径 $\{x_t, h_t, z_t, m_t\}_{t=0}^{\infty}$ 满足差分方程 (2-93)、式 (2-95)、式 (2-103) 和相应的横截条件。

命题 2-8 CJ 模型的 BGP 是鞍点路径稳定的。

命题 2-9 给定初始条件 $z_0 > 0$ 和 $m_0 > 0$,CJ 模型满足下列条件。

(1) 当 $B=0$ 时,则 x_t 朝 BGP 的移行将展现为一个单调的行动。

（2）当 $B > 0$ 时，x_t 朝 BGP 的移行将展现为一个非单调的行动。

（四）最佳政策的有效性

CJ 模型的均衡会是不效率的，因为消费者没有内部化消费。上面描绘的是 IH 模型，如果在 CJ 模型中使用中心计划者的话，应与 IH 的结果是一致的，因为计划者会考虑所有消费者的外部性。这意味着，为了处理有效性的问题，我们仅需去比较 CJ 模型的均衡解和 IH 模型的均衡解。我们给出两个不同的税率使得两个 Keynes – Ramsey 方程（2 – 101）和（2 – 102）相等：纯收入上的税和消费上的税相等。假设，税收通过统一补贴回到消费者手中。这个假设意味着一个王朝的资源限制现在为：

$$(1 + \tau^c) c_t + (1 + n) k_{t+1} - k_t = (1 - \tau_t^y)[f(k_t) - \delta k_t] + T_t \quad (2-104)$$

其中 τ^c 和 τ^y 分别表示消费和纯收入上的税率，而 T_t 是统一补贴，满足以下政府预算的约束：

$$T_t = \tau_t^y [f(k_t) - \delta k_t] + \tau_t^c c_t \quad (2-105)$$

由于税率的导入改变了 Keynes – Ramsey 方程（2 – 102），这一方程变为：

$$\left(\frac{1}{1+\rho}\right)\left(\frac{h_t^{CJ}}{x_{t+1}^{CJ}}\right) = \frac{1 + \tau_{t+1}^c}{1 + \tau_t^c} \left\{ \frac{1 + n}{1 + (1 - \tau_{t+1}^y)[(1-\beta)A + \beta m_{t+1}^{CJ} - \delta]} \right\} \quad (2-106)$$

令式（2 – 106）等于式（2 – 101）（IH 模型），得到最佳税率条件：

$$\frac{MRS_{t,t+1}^{CJ}(h_t^{IH}, x_{t+1}^{IH})}{MRS_{t,t+1}^{IH}(h_{t+1}^{IH}, h_t^{IH}, x_{t+1}^{IH})}$$

$$= \left(\frac{1+\hat{\tau}_{t+1}^c}{1+\hat{\tau}_t^c}\right)\left\{\frac{1+(1-\beta)A+\beta m_{t+1}^{IH}-\delta}{1+(1-\tau_{t+1}^y)[(1-\beta)A+\beta m_{t+1}^{IH}-\delta]}\right\}$$

$$(2-107)$$

式（2-107）的上标 IH 表示 IH 模型中的变量的均衡值，而 $\hat{\tau}_t^c$ 和 $\hat{\tau}_t^y$ 分别表示消费和收入上的最佳税率。设 $\hat{\tau}_t^y = 0$，根据（2-107）可以得到 $\hat{\tau}_t^c$ 的表示式，同样设 $\hat{\tau}_t^c = 0$，可以得到 $\hat{\tau}_t^y$ 的表示式。

推论 2-1 （1）在 BGP 附近的最佳税率的序列 $\{\hat{\tau}_t^c\}_{t=1}^{\infty}$ 可以是单调或者非单调的，对一个任意给定的 $\hat{\tau}_0^c$，这一序列收敛于一个常数。

（2）BGP 附近的最佳所得税税率序列 $\{\hat{\tau}_t^y\}_{t=1}^{\infty}$，可能为相同的符号或者相反的符号。这一序列收敛于 0。

Nourry、Seegmuller 和 Venditti（2013）使用 Jaimovich（2008）与 Jaimovich 和 Rebelo（2009）所指定的效用函数，验证了基于消费税的平衡-预算的财政政策法角色的不稳定化。当收入效应不太大时，可以证明存在一个 Laffer 曲线，它解释了稳态的多重性，若各期之间消费的替代弹性充分大于1且税率关于消费是反循环的话，非线性的消费税推动期望趋势波动，可能使经济不稳定。数值的描绘也指出在一个参数的大范围内，消费税对大多数 OECD 国家可能是不稳定性的来源。

（五）论文的模型

1. 生产结构

在完全竞争的经济中，最终产品是由资本 K 和劳动 l 所生产，令 $x = \dfrac{K}{l}$，生产函数为 $Af(x)$。

假设1 $f(x)$ 是递增的凹函数，且存在 $M > 0$ 和 $N > 0$ 使得 $Af'(0) > M$ 且 $Af'(\infty) < N$。

由利润的最大化条件可知，工资率和资本的租借利率为：

$$r(t) = f'[x(t)] \qquad (2-108)$$

$$w(t) = A[f(x) - xf'(x)] \qquad (2-109)$$

总收入中资本的份额为：

$$s(x) = \dfrac{xf'(x)}{f(x)} \qquad (2-110)$$

资本-劳动替代弹性为：

$$\sigma(x) = -\dfrac{[1-s(x)]f'(x)}{xf''(x)} \qquad (2-111)$$

2. 家计的行动

设经济中的人口由大量的无限生存的个人构成。把总人口设为1。在每个期间，代理人弹性地提供 l 数量的劳动，$l \in [0, \iota]$，这里 $\iota > 1$ 是代理人的劳动禀赋。他通过函数 $U\left(c, \dfrac{L}{B}\right)$ 从消费和闲暇 $L = \iota - l$ 中得到效用，其中 $B > 0$ 是规模参数（常数 B 用来证明正规化的稳态的存在，这稳态对于偏好参数保持不变）。

效用函数为：

$$U\left(c, \dfrac{L}{B}\right) = \dfrac{\left\{c - \dfrac{[(\iota-L)/B]^{1+\chi}}{1+\chi} c^{\gamma}\right\}^{1-\theta} - 1}{1-\theta}$$

$$\theta \geq 0, \chi \geq 0, \gamma \in [0,1]$$

而 Jaimovich（2008）、Jaimovich 和 Rebelo（2009）的效用函数为：

$$U\left(c_t, \frac{L_t}{B}, X_t\right) = \frac{\left\{c_t - \frac{[(\iota - L_t)/B]^{1+\chi} X_t}{1+\chi}\right\}^{1-\theta} - 1}{1-\theta}$$

$$X_t = c_t^\gamma X_{t-1}^{1-\gamma}$$

论文中说两个效用函数导致相同的稳态，使得局部动态性质等价，但并没有证明，有可能是推断。

代理人的各期之间的最大化如下：

$$\max_{c(t), l(t), K(t)} \int_0^\infty e^{-\rho t} U\left[c(t), \frac{\iota - l(t)}{B}\right] dt$$

$$\text{s.t.} \quad h[c(t)]c(t) + \dot{K}(t) + \delta K(t) = r(t)K(t) + w(t)l(t) \tag{2-112}$$

$K(0) > 0$ 是给定的。

$h[c(t)]$ 为 1 加上消费税率。

假设 2　$h(c):[0, +\infty) \to [1, +\infty)$ 是连续的，$C^1 \in (0, +\infty)$。

假设 2 提供了政府收入 $\Omega(c) = h(c)c - c$ 定式化的相当大的自由度。这允许我们在相同的消费税法的框架下去考虑它是与消费正相关$\left[\frac{\Omega(c)}{c}\right.$ 和 $h(c)$ 递增$\left.\right]$还是与消费负相关$\left[\frac{\Omega(c)}{c}\right.$ 和 $h(c)$ 递减$\left.\right]$。导入弹性：

$$\zeta(c) = \frac{ch'(c)}{h(c)} \tag{2-113}$$

设立哈密尔顿函数：

$$H = U\left[c(t), \frac{\iota - l(t)}{B}\right]$$
$$+ \lambda(t)\{r(t)K(t) + w(t)l(t) - h[c(t)]c(t) - \delta K(t)\}$$

$\lambda(t)$ 是 $K(t)$ 的影子价格。

由最大值原理，得到关于 c 的一阶条件：

$$U_1\left[c(t), \frac{\iota - l(t)}{B}\right] = \lambda(t)h[c(t)] \qquad (2-114)$$

关于 $l(t)$ 的一阶条件：

$$\frac{1}{B}U_2\left[c(t), \frac{\iota - l(t)}{B}\right] = \lambda(t)w(t) \qquad (2-115)$$

由最大值原理，得到协状态变量的动态方程：

$$\dot{\lambda}(t) = -\lambda(t)[r(t) - \rho - \delta] \qquad (2-116)$$

横截条件：

$$\lim_{t \to \infty} e^{-\rho t} \frac{U_1[c(t), \iota - l(t)]}{h[c(t)]} K(t) = 0 \qquad (2-117)$$

从方程（2-114）和（2-115），得到标准的消费和闲暇之间的一阶条件：

$$\frac{(1+\chi)\left(\frac{l}{B}\right)^{\chi} c^{\gamma}}{B\left[1+\chi-\gamma\left(\frac{l}{B}\right)^{1+\chi} c^{\gamma-1}\right]} = \frac{w(t)}{h[c(t)]} \qquad (2-118)$$

在式（2-118）的两边取全微分，得到：

$$\frac{\mathrm{d}l}{l} \underbrace{\frac{(1+\chi)\chi + \gamma\left(\frac{l}{B}\right)^{1+\chi} c^{\gamma-1}}{1+\chi-\gamma\left(\frac{l}{B}\right)^{1+\chi} c^{\gamma-1}}}_{substitution\,effect} + \frac{\mathrm{d}c}{c}\gamma \underbrace{\frac{1+\chi-\left(\frac{l}{B}\right)^{1+\chi} c^{\gamma-1}}{1+\chi-\gamma\left(\frac{l}{B}\right)^{1+\chi} c^{\gamma-1}}}_{income\,effect} = \frac{\mathrm{d}w}{w}$$

$$(2-119)$$

我们这里定义各期之间的收入效应为（dw/dc）（c/w），替代效应为（dw/dl）（l/w）。这一表示明显地指出了对于GHH，当 $\gamma = 0$ 时，没有收入效应。而对于KPR，当 $\gamma = 1$ 时，收入效应是常数1。而当 $\gamma \in (0, 1)$，收入效应是变动的。

（六）政府

消费的税金被用于支撑外生的公共支出 $G(t)$。政府的支出满足下列平衡 - 预算法：

$$G(t) = \Omega[c(t)] = h[c(t)]c(t) - c(t) \quad (2-120)$$

我们进一步假设政府的支出 $G(t)$ 并不影响消费者的偏好和生产函数。下面，我们考虑充分一般的公共支出的定式 $G(t)$，其包含 Giannitsarou（2007）的政府支出为外生的常数的情况，由消费税的一定比例的一统税所支撑。我们的定式允许政府公共支出为 pro - cyclical 或 counter - cyclical。由于消费大致与产出相关，我们选择消费 c 作为衡量景气循环的价值尺度，假设公共支出是 c 的函数，即 $G(t) = G[c(t)]$。

$$G[c(t)] = \Omega[c(t)] = h[c(t)]c(t) - c(t) = \tau[c(t)]c(t)$$
$$(2-121)$$

这一表示内生地决定了税率的水平。定义政府支出的弹性：

$$\eta = \frac{cG'(c)}{G(c)} \quad (2-122)$$

当 $\eta < 0$ 时，称公共支出为 counter - cyclical，当 $\eta > 0$ 时，称公共支出为 pro - cyclical 的。使用政府支出的平衡 -

预算法，得到：

$$\zeta(c) = \frac{\tau(\eta - 1)}{1 + \tau} \quad (2-123)$$

税率 $\tau(c) = \frac{G(c)}{c}$，当 $\eta < 1$ 时，消费税是 counter-cyclical，当 $\eta > 1$ 时，是 pro-cyclical。

从式（2-114）、（2-115）中解出 $c[K(t), \lambda(t)]$、$l[K(t), \lambda(t)]$。代入 r 与 w 的表示式，得到均衡的 r、w。

$$r(t) = Af'[x(t)] = r[K(t), \lambda(t)]$$
$$w(t) = A\{f[x(t)] - x(t)f'[x(t)]\} = w[K(t), \lambda(t)]$$
$$(2-124)$$

其中，$x(t) = \frac{K(t)}{l[K(t), \lambda(t)]}$。

从式（2-112）和式（2-116）得到：

$$\dot{K}(t) = r[K(t), \lambda(t)]K(t) + w[K(t), \lambda(t)]l[K(t), \lambda(t)] - \delta K(t)$$
$$\dot{\lambda}(t) = -\lambda(t)\{r[K(t), \lambda(t)] - \rho - \delta\}$$
$$(2-125)$$

各期之间的均衡是一个路径 $\{K(t), \lambda(t)\}$，$K(0) > 0$，满足式（2-125）和横截条件（2-117）。

（七）稳态分析

稳态（K^*，l^*，x^*，c^*）是：

$$\delta + \rho = Af'(x) \quad (2-126)$$

$$h(c)c = l[Af(x) - \delta x] \quad (2-127)$$

$$\frac{U_2\left(c, \frac{\iota - l}{B}\right)}{BU_1\left(c, \frac{\iota - l}{B}\right)} = \frac{A[f(x) - xf'(x)]}{h(c)} \quad (2-128)$$

当 $M > \rho + \delta > N$ 时存在唯一的 x 满足式（2-126），但不能保证 c、l、K 的存在性和唯一性。

引理 2-2 令假设 1 和假设 2 成立，$M > \rho + \delta > N$ 及 $\zeta \neq -1$，对所有 l，若消费税率 $\zeta \geq 0$，则至多存在一个稳态点；对某些 l，稳态是多重的必要条件是 $\zeta < 0$。

稳态的多重性与 Laffer 曲线的存在相关。根据式（2-121）给出的平衡-预算法和式（2-123）、式（2-121）及假设 $x = x^*$，稳态可由 (τ, c, l) 给出，满足：

$$G(c) = \Omega(c) = \tau c \quad (2-129)$$

$$(1+\tau)c = [Af(x^*) - \delta x^*]l \quad (2-130)$$

$$(1+\tau)\frac{(1+\chi)\left(\dfrac{l}{B}\right)^{\chi} c^{\gamma}}{B\left[1+\chi-\gamma\left(\dfrac{l}{B}\right)^{1+\chi} c^{\gamma-1}\right]} = A[f(x^*) - x^* f'(x^*)] \quad (2-131)$$

把从式（2-130）得到的 l 代入式（2-131），可得到消费为函数 $c = c(\tau)$。把 $c = c(\tau)$ 代入式（2-129），政府的支出可表示为 τ 的函数。定义以下弹性：

$$\varepsilon_G(\tau) = \frac{\mathrm{d}G}{\mathrm{d}c}\frac{\mathrm{d}c}{\mathrm{d}\tau}\frac{\tau}{G}, \quad \varepsilon_\Omega(\tau) = \frac{\mathrm{d}\Omega}{\mathrm{d}c}\frac{\mathrm{d}c}{\mathrm{d}\tau}\frac{\tau}{\Omega} \quad (2-132)$$

Laffer 曲线的存在是由于 $\Omega[c(\tau)]$ 对于 τ 不是单调的。稳态点的多重性可由比较这两个弹性来分析。从式（2-122）、式（2-131）~（2-132），得到：

$$\varepsilon_G(\tau) = -\frac{\eta\tau(1+\chi)}{(1+\tau)(\gamma+\chi)}, \quad \varepsilon_\Omega(\tau) = \frac{\gamma+\chi-\tau(1-\gamma)}{(1+\tau)(\gamma+\chi)} \quad (2-133)$$

进而得到 Laffer 曲线存在的条件。

命题 2-10 令假设 1 和假设 2 成立，$M > \delta + \rho > N$，则 $\varepsilon_\Omega(\tau) > 0 (=0, <0)$ 当且仅当 $\gamma < 1$ 且 $\tau > (=, <) \tau^*(\gamma) = \dfrac{\gamma + \chi}{1 - \gamma}$。反之，若 $\gamma = 1, \varepsilon_\Omega(\tau) > 0, \forall \tau > 0$。

（八）正规化的稳态

考虑式 (2-129)～(2-132)，假设 $\zeta(c^*) \neq -1$。式 (2-130) 隐含定义了 $c^* = c(x^*, l^*)$。把这个表示代入式 (2-131)。根据 $A > 0$，$B > 0$，使 $x^* = 1$，$l^* = 1$，来得到一个正规化的稳态（NSS）。其应满足：

$$\delta + \rho = Af'(1) \qquad (2-134)$$

$$\frac{(1+\chi)\left(\dfrac{1}{B}\right)^{1+\chi} c(1,1)^{1+\gamma}}{(1+\chi)c(1,1) - \gamma\left(\dfrac{1}{B}\right)^{1+\chi} c(1,1)^\gamma} = \frac{A[f(1) - f'(1)]}{h[c(1,1)]}$$

$$(2-135)$$

命题 2-11 设假设 1 和假设 2 成立，则存在 $A^* > 0$，$B^* > 0$，二者为式 (2-134)、(2-135) 的唯一解，使得 A^*、B^*、$(x^*, l^*) = (1, 1)$ 是稳态。

（九）消费税的总计不稳定性

注意，当 $\gamma \neq 0$ 时，JR 效用函数不是凹的。为了保证凹性需要对 θ、χ 附加限制。然而，为了避免技术和假设上的麻烦，我们用引理 2-3，仅研究稳态点附近的局部凹性质的条件。

引理 2-3 JR 效用函数在正规化的稳态的一个邻域内是凹的，当且仅当

$$\theta \geq \theta_c(\gamma) = \frac{\gamma\Theta(\gamma+\chi)[1+\chi-(1-\gamma)\Theta]}{(1+\chi)^2\left[\chi+\gamma\Theta\left(2-\frac{\Theta(1-\gamma)}{1+\chi}\right)\right]} \quad (2-136)$$

其中，$\Theta = \frac{(1-s)(\delta+\rho)}{\delta(1-s)+\rho}$（$<1$）。

引理 2-4 在假设 1 和假设 2 下，NSS 是局部不决定的，仅当消费税是 counter-cyclical 时，即 $\zeta < 0$。

假设 3 $s < \sigma < 1 + \frac{\delta(1-s)}{\rho} = \bar{\sigma}$，以及 $\eta \in (-1, 0]$。

在这一假设下，论文得出了以下结果。

命题 2-12 令假设 1、假设 2 和假设 3 成立，则存在 $\tilde{\gamma} \in (0, 1)$，$\bar{\rho} > 0$，$\bar{\theta}(\gamma) > \underline{\theta}(\gamma)[> \theta_c(\gamma)]$ 和 $\bar{\tau}(\gamma) > \underline{\tau}(\gamma) > 0$，从而使得正规稳态是局部不决定的，对于任意 $\gamma \in [0, \tilde{\gamma})$，若 $\rho \in (0, \bar{\rho})$，$\theta \in [\underline{\theta}(\gamma), \bar{\theta}(\gamma)]$，$\tau \in [\underline{\tau}(\gamma), \bar{\tau}(\gamma)]$。

推论 2-2 令 $\gamma < 1$，假设 1、假设 2 和假设 3 成立，(θ, τ) 固定，对于任意 $\gamma < 1$，存在 $\bar{\rho} > 0$，$1 > \bar{\theta} > \underline{\theta} > 0$，$1 > \bar{\gamma} > \underline{\gamma} > 0$，及 $\bar{\bar{\tau}} > \bar{\tau} > \underline{\tau} > \underline{\underline{\tau}} > 0$，使得 $\rho \in (0, \bar{\rho})$ 和 $\theta \in (\underline{\theta}, \bar{\theta})$ 时，正规稳态在下列情况下是局部不决定性的。

（1）对任意 $\gamma \in [0, \underline{\gamma})$，$\tau \in (\underline{\tau}, \bar{\tau})$。

（2）对任意 $\gamma \in (\underline{\gamma}, \bar{\gamma})$，$\tau \in (\underline{\underline{\tau}}, \underline{\tau}) \cup (\bar{\tau}, \bar{\bar{\tau}})$。

Nakajima（2006）从失业保险的角度研究不决定性的问题。他使用一个有效工资的模型，检验了不决定性和失业保险之间的关系。证明了失业保险越少，均衡越容易是不决定性的。甚至在没有外部性或收益递增的情况下，均衡可以是不决定的，这是因为，当收入保险不完全时，财富保持常数的边际效用的非怠工条件是负的斜率。

在有效工资模型中，使用下面的条件来替代劳动供给曲线：

$$hW_t = \frac{\chi - 1}{1 - s\chi + \sigma(\chi - 1)(1 - N_t)} C_t^h \qquad (2-137)$$

它在标准的增长模型中扮演了劳动供给曲线的角色。

当失业保险不完全时，它是向下倾斜的。满足了 Frisch 劳动供给曲线是向下倾斜的这一产生不决定性的要求。

第三章

JR 效用函数的凹性

在第二章中，我们看到有文献使用与 JR 偏好相似的偏好作为效用函数来分析不决定性产生的区域，因为这一效用函数很适合分析收入效应的大小，而闲暇需求的收入效应影响了劳动供给曲线，在生产规模报酬递增的情况下产生了不决定性。但是代入一个递归项会使这个效用函数不是凹的。而效用函数不是凹的问题，会使得动态最优化问题的解不是内部解，也不是唯一的。那么 JR 效用函数在用作动态最优化问题的即时效用函数时，就有着很大的缺陷。而在动态最优化问题的定式中，有很多参数，在这些参数的一些集合上，若 JR 效用函数是凹的话，就可以限制这些参数的取值范围，使得在这些取值范围中，JR 效用函数是凹的，也可以使用 JR 函数作为效用函数。然而，只是即时效用是凹函数就能保证动态的最优路径是唯一的内部路径吗？而不决定性均衡的产生需要动态系统的稳态点是唯一和内部的条件，而当动态最优解不是唯一和内部解时，就不能保证稳态是唯一的而且是内部的条件。这些问题都需要进一步探讨，但到现在还没有出现研究 JR 效用的适合性的文献。所以后面三章关于这方面的讨论都是国际上最新的，是作者的独创。

本章研究 JR 效用函数作为即时效用函数的适合性问题，也就是研究 JR 效用函数对 (C, L) 是不是凹函数的问题。并且研究在一般情况下不是凹函数的话，在参数的哪些范围内可能是凹函数的问题。在第二章中，Aloso - Carrera、Caball 和 Raurich（2005）在效用函数中导入习惯的模型，为了保证效用函数的凹性，他们把时间效用的替代弹性的倒数 σ 设为大于 1 的，这不符合宏观经济学的常规模型设定。那么，为了保证即时效用函数的凹性，是否有关于 σ 的更符合常规的限定呢？我们在这一章中就要解决这一问题。

一　JR 模型的设定

下面先对 JR 模型的设定进行分析。

先看一下在宏观经济学动态分析中常用的含有劳动供给的两类效用。

GHH 效用为下列形式下的效用函数：

$$u(C,L) = \frac{C^{1-\sigma}}{1-\sigma} - \psi \frac{L^{1+\theta}}{1+\theta}$$

也可以有以下形式：

$$u(C,L) = \frac{(C - \psi \frac{L^{1+\theta}}{1+\theta})^{1-\sigma}}{1-\sigma}$$

而 KPR 效用为具有下列形式的效用函数：

$$u(C,L) = \frac{C^{1-\sigma} V(L)}{1-\sigma}$$

或者为具有下面形式的效用函数：

$$u(C,L) = \ln C + V(L)$$

其中，$V(L)$ 关于 L 是递增的，是凹函数。

JR 效用函数被设定为：

$$U = \sum_{t=0}^{\infty} \beta^t \frac{(C_t - \psi X_t H_t^{1+\chi})^{1-\sigma} - 1}{1-\sigma}$$

$$\text{s.t} \quad X_t = C_t^{\gamma} X_{t-1}^{1-\gamma}$$

X_{-1} 是给定的，$\psi > 0, \sigma > 0, \gamma > 0$。

这里，C_t 是 t 时刻的消费，H_t 是 t 时刻工作的小时数，被称为劳动供给，因为闲暇等于个人所拥有的所有小时数减去工作小时数，所以括号里工作小时数的项的前边是负号。

现在再看模型中设的 $X_t = C_t^{\gamma} X_{t-1}^{1-\gamma}$ 的意思。当 $t=0$ 时，有：

$$X_0 = C_0^{\gamma} X_{-1}^{1-\gamma}$$

当 $t=1$ 时，有：

$$X_1 = C_1^{\gamma} X_0^{1-\gamma}$$
$$= C_1^{\gamma} C_0^{\gamma(1-\gamma)} X_0^{(1-\gamma)^2}$$

当 $t=2$ 时，有：

$$X_2 = C_2^{\gamma} X_1^{1-\gamma}$$
$$= C_2^{\gamma} C_1^{\gamma(1-\gamma)} X_0^{(1-\gamma)^2}$$
$$= C_2^{\gamma} C_1^{\gamma(1-\gamma)} C_0^{\gamma(1-\gamma)^2} X_{-1}^{(1-\gamma)^3}$$

由此，可得到规律：

$$X_t = C_t^{\gamma} X_{t-1}^{1-\gamma}$$
$$= C_t^{\gamma} C_{t-1}^{\gamma(1-\gamma)} X_{t-2}^{(1-\gamma)^2}$$
$$= C_t^{\gamma} C_{t-1}^{\gamma(1-\gamma)} C_{t-2}^{\gamma(1-\gamma)^2} X_{t-3}^{(1-\gamma)^3}$$
$$= C_t^{\gamma} C_{t-1}^{\gamma(1-\gamma)} C_{t-2}^{\gamma(1-\gamma)^2} C_{t-3}^{\gamma(1-\gamma)^3} X_{t-4}^{(1-\gamma)^4}$$
$$= C_t^{\gamma} C_{t-1}^{\gamma(1-\gamma)} C_{t-2}^{\gamma(1-\gamma)^2} C_{t-3}^{\gamma(1-\gamma)^3} C_{t-4}^{\gamma(1-\gamma)^4} X_{t-5}^{(1-\gamma)^5}$$
$$= C_t^{\gamma} C_{t-1}^{\gamma(1-\gamma)} C_{t-2}^{\gamma(1-\gamma)^2} C_{t-3}^{\gamma(1-\gamma)^3} C_{t-4}^{\gamma(1-\gamma)^4} \cdots C_1^{\gamma(1-\gamma)^{t-1}} X_0^{(1-\gamma)^t}$$
$$= C_t^{\gamma} C_{t-1}^{\gamma(1-\gamma)} C_{t-2}^{\gamma(1-\gamma)^2} C_{t-3}^{\gamma(1-\gamma)^3} C_{t-4}^{\gamma(1-\gamma)^4} \cdots C_1^{\gamma(1-\gamma)^{t-1}} C_0^{\gamma(1-\gamma)^t} X_{-1}^{(1-\gamma)^{t+1}}$$

注意,每一个等式都是依次迭代的结果。而当 $X_t = X_{t-1}$ 时,即在稳态点,有:

$$X_t = C_t^{\gamma} X_t^{1-\gamma}$$

即

$$X_t^{\gamma} = C_t^{\gamma}$$

得到:

$$X_t = C_t$$

当 $\gamma = 0$ 时,有:

$$X_t = X_{t-1}$$

因而有:

$$X_t = X_{t-1} = X_{t-2} = \cdots = X_{-1}$$

也就是说,X_t 是个常数。代入到即时效用函数中,得到:

$$u(C,H) = \frac{(C - \psi X H^{1+\chi})^{1-\sigma} - 1}{1-\sigma}$$

可以把 ψX 合并成 ψ',就成为 GHH 效用的形式。

当 $\gamma = 1$ 时，有：

$$X_t = C_t$$

将上式代入即时效用函数中，得到：

$$u(C,H) = \frac{(C - \psi CH^{1+\chi})^{1-\sigma} - 1}{1 - \sigma}$$

$$= \frac{C^{1-\sigma}(1 - \psi H^{1+\chi})^{1-\sigma} - 1}{1 - \sigma}$$

即得到 KPR 形式的效用函数。

把 $X_t = C_t^\gamma X_{t-1}^{1-\gamma}$ 代入到效用函数 $U = \sum_{t=0}^{\infty} \beta^t \frac{(C_t - \psi X_t H_t^{1+\chi})^{1-\sigma} - 1}{1 - \sigma}$ 中，得到：

$$U = \sum_{t=0}^{\infty} \beta^t \frac{(C_t - \psi C_t^\gamma X_{t-1}^{1-\gamma} H_t^{1+\chi})^{1-\sigma} - 1}{1 - \sigma}$$

$$= \sum_{t=0}^{\infty} \beta^t \left\{ \frac{C_t^{1-\sigma}\left[1 - \psi\left(\frac{X_{t-1}}{C_t}\right)^{1-\gamma} H_t^{1+\chi}\right]^{1-\sigma} - 1}{1 - \sigma} \right\}$$

二　JR 效用函数的凹性研究

为了简单明了地表示，下面给出 t 期即时效用函数和 $t+i$ 期即时效用函数的定义。

定义 3-1

（1）定义：

$$u_t(C_t, H_t, X_{t-1}) = \frac{C_t^{1-\sigma}\left[1 - \psi\left(\frac{X_{t-1}}{C_t}\right)^{1-\gamma} H_t^{1+\chi}\right]^{1-\sigma} - 1}{1 - \sigma}$$

其中，X_{t-1} 在 t 期是已知的定数。

（2）定义：

$$u_{t+i}(C_{t+i}, H_{t+i}, C_{t+i-1}, \cdots, C_{t+1}, C_t, X_{t-1})$$

$$= \frac{C_{t+i}^{1-\sigma}\left[1 - \psi\left(\dfrac{X_{t+i-1}}{C_{t+i}}\right)^{1-\gamma} H_{t+i}^{1+\chi}\right]^{1-\sigma} - 1}{1-\sigma}$$

其中，

$$\begin{aligned}
X_{t+i-1} &= C_{t+i-1}^{\gamma} X_{t+i-2}^{1-\gamma} \\
&= C_{t+i-1}^{\gamma} C_{t+i-2}^{\gamma(1-\gamma)} X_{t+i-3}^{(1-\gamma)^2} \\
&= C_{t+i-1}^{\gamma} C_{t+i-2}^{\gamma(1-\gamma)} C_{t+i-3}^{\gamma(1-\gamma)^2} X_{t+i-4}^{(1-\gamma)^3} \\
&= C_{t+i-1}^{\gamma} C_{t+i-2}^{\gamma(1-\gamma)} C_{t+i-3}^{\gamma(1-\gamma)^2} X_{t+i-4}^{(1-\gamma)^3} \\
&= C_{t+i-1}^{\gamma} C_{t+i-2}^{\gamma(1-\gamma)} C_{t+i-3}^{\gamma(1-\gamma)^2} \cdots {}_{t+i-i}^{(1-\gamma)^{i-1}} \\
&= C_{t+i-1}^{\gamma} C_{t+i-2}^{\gamma(1-\gamma)} C_{t+i-3}^{\gamma(1-\gamma)^2} \cdots X_t^{(1-\gamma)^{i-1}} \\
&= C_{t+i-1}^{\gamma} C_{t+i-2}^{\gamma(1-\gamma)} C_{t+i-3}^{\gamma(1-\gamma)^2} \cdots C_t^{\gamma(1-\gamma)^{i-1}} X_{t-1}^{(1-\gamma)^i} \quad (3-1)
\end{aligned}$$

注意，式（3-1）中的每一个等式都是依次迭代的结果。

为了研究 t 期的即时效用函数 $u_t(C_t, H_t, X_{t-1})$ 关于 (C_t, H_t) 是否为凹函数的问题，下面，计算各个偏导数，并分别判断它们是否满足凹函数应满足的条件：$\dfrac{\partial^2 u_t}{\partial C_t^2} \leq 0$，$\dfrac{\partial^2 u_t}{\partial C_t^2}\dfrac{\partial^2 u_t}{\partial H_t^2} - \left(\dfrac{\partial^2 u_t}{\partial H_t \partial C_t}\right)^2 \geq 0$。首先，计算 $u_t(C_t, H_t, X_{t-1})$ 关于 (C_t, H_t) 的偏导数。

先计算即时效用 u_t 关于 t 期消费 C_t 的偏导数。

$$\frac{\partial u_t}{\partial C_t} = C_t^{-\sigma}\left[1 - \psi\left(\frac{X_{t-1}}{C_t}\right)^{1-\gamma} H_t^{1+\chi}\right]^{1-\sigma}$$

$$+ C_t^{1-\sigma}\left[1 - \psi\left(\frac{X_{t-1}}{C_t}\right)^{1-\gamma} H_t^{1+\chi}\right]^{-\sigma}\left[(1-\gamma)\psi X_{t-1}^{1-\gamma} C_t^{\gamma-2} H_t^{1+\chi}\right]$$

$$= C_t^{-\sigma}\left[1 - \psi\left(\frac{X_{t-1}}{C_t}\right)^{1-\gamma} H_t^{1+\chi}\right]^{-\sigma}\left[1 - \psi\left(\frac{X_{t-1}}{C_t}\right)^{1-\gamma} H_t^{1+\chi}\right.$$

$$\left. + (1-\gamma)\psi X_{t-1}^{1-\gamma} C_t^{\gamma-1} H_t^{1+\chi}\right]$$

$$= C_t^{-\sigma}\left[1 - \psi\left(\frac{X_{t-1}}{C_t}\right)^{1-\gamma} H_t^{1+\chi}\right]^{-\sigma}\left[1 - \gamma\psi\left(\frac{X_{t-1}}{C_t}\right)^{1-\gamma} H_t^{1+\chi}\right]$$

$$(3-2)$$

式（3-2）中的第二个等式是由第一个等式合并同类项得到，经过整理，得到第三个等式。

而 t 期的即时效用函数关于 t 期劳动小时的投入 H_t 的偏导数为：

$$\frac{\partial u_t}{\partial H_t} = C_t^{1-\sigma}\left[1 - \psi\left(\frac{X_{t-1}}{C_t}\right)^{1-\gamma} H_t^{1+\chi}\right]^{-\sigma}\left[-(1+\chi)\psi\left(\frac{X_{t-1}}{C_t}\right)^{1-\gamma} H_t^{\chi}\right]$$

$$(3-3)$$

由式（3-3），我们知道：

$$\frac{\partial u_t}{\partial H_t} < 0$$

这是因为前面对参数的假设为 $\psi > 0$ 和 $\chi > 0$，并且，

$$\psi\left(\frac{X_{t-1}}{C_t}\right)^{1-\gamma} H_t^{1+\chi} < 1$$

接着，我们计算二阶偏导数：

$$\frac{\partial^2 u_t}{\partial C_t^2} = -\sigma C_t^{-\sigma-1}\left[1 - \psi\left(\frac{X_{t-1}}{C_t}\right)^{(1-\gamma)} H_t^{1+\chi}\right]^{-\sigma}\left[1 - \gamma\psi\left(\frac{X_{t-1}}{C_t}\right)^{(1-\gamma)} H_t^{1+\chi}\right]$$

$$- \sigma C_t^{-\sigma}\left[1 - \psi\left(\frac{X_{t-1}}{C_t}\right)^{(1-\gamma)} H_t^{1+\chi}\right]^{-\sigma-1}\left[1 - \gamma\psi\left(\frac{X_{t-1}}{C_t}\right)^{(1-\gamma)} H_t^{1+\chi}\right]$$

$$[(1-\gamma)\psi X_{t-1}^{1-\gamma}C_t^{\gamma-2}H_t^{1+\chi}]$$

$$+C_t^{-\sigma}\left[1-\psi\left(\frac{X_{t-1}}{C_t}\right)^{1-\gamma}H_t^{1+\chi}\right]^{-\sigma}[\gamma(1-\gamma)\psi X_{t-1}^{1-\gamma}C_t^{\gamma-2}H_t^{1+\chi}]$$

经过提取公因式、合并同类项等整理,上式变为:

$$\frac{\partial^2 u_t}{\partial C_t^2}=-\sigma C_t^{-\sigma-1}\left[1-\psi\left(\frac{X_{t-1}}{C_t}\right)^{(1-\gamma)}H_t^{1+\chi}\right]^{-\sigma-1}\left[1-\gamma\psi\left(\frac{X_{t-1}}{C_t}\right)^{(1-\gamma)}H_t^{1+\chi}\right]$$

$$\left[1-\psi\left(\frac{X_{t-1}}{C_t}\right)^{(1-\gamma)}H_t^{1+\chi}+(1-\gamma)\psi X_{t-1}^{1-\gamma}C_t^{\gamma-1}H_t^{1+\chi}\right]$$

$$+C_t^{-\sigma}\left[1-\psi\left(\frac{X_{t-1}}{C_t}\right)^{1-\gamma}H_t^{1+\chi}\right]^{-\sigma}[\gamma(1-\gamma)\psi X_{t-1}^{1-\gamma}C_t^{\gamma-2}H_t^{1+\chi}]$$

在第一个的乘积的第三项的中括号中合并同类项,得到下面结果,

$$\frac{\partial^2 u_t}{\partial C_t^2}=-\sigma C_t^{-\sigma-1}\left[1-\psi\left(\frac{X_{t-1}}{C_t}\right)^{(1-\gamma)}H_t^{1+\chi}\right]^{-\sigma-1}\left[1-\gamma\psi\left(\frac{X_{t-1}}{C_t}\right)^{(1-\gamma)}H_t^{1+\chi}\right]^2$$

$$+C_t^{-\sigma}\left[1-\psi\left(\frac{X_{t-1}}{C_t}\right)^{1-\gamma}H_t^{1+\chi}\right]^{-\sigma}[\gamma(1-\gamma)\psi X_{t-1}^{1-\gamma}C_t^{\gamma-2}H_t^{1+\chi}]$$

再提取两项乘积和的公因式,得到:

$$\frac{\partial^2 u_t}{\partial C_t^2}=C_t^{-\sigma-1}\left[1-\psi\left(\frac{X_{t-1}}{C_t}\right)^{(1-\gamma)}H_t^{1+\chi}\right]^{-\sigma-1}$$

$$\left\{-\sigma\left[1-\gamma\psi\left(\frac{X_{t-1}}{C_t}\right)^{(1-\gamma)}H_t^{1+\chi}\right]^2\right.$$

$$\left.+C_t\left[1-\psi\left(\frac{X_{t-1}}{C_t}\right)^{1-\gamma}H_t^{1+\chi}\right][\gamma(1-\gamma)\psi X_{t-1}^{1-\gamma}C_t^{\gamma-2}H_t^{1+\chi}]\right\}$$

整理大括号中的各项,得到:

$$\frac{\partial^2 u_t}{\partial C_t^2}=C_t^{-\sigma-1}\left[1-\psi\left(\frac{X_{t-1}}{C_t}\right)^{(1-\gamma)}H_t^{1+\chi}\right]^{-\sigma-1}$$

$$\left\{ -\sigma \left[1 - \gamma\psi \left(\frac{X_{t-1}}{C_t} \right)^{(1-\gamma)} H_t^{1+\chi} \right]^2 \right.$$

$$\left. + \left[1 - \psi \left(\frac{X_{t-1}}{C_t} \right)^{1-\gamma} H_t^{1+\chi} \right] \left[\gamma(1-\gamma)\psi \left(\frac{X_{t-1}}{C_t} \right)^{1-\gamma} H_t^{1+\chi} \right] \right\}$$

再进一步计算和整理，得到：

$$\frac{\partial^2 u_t}{\partial C_t^2} = C_t^{-\sigma-1} \left[1 - \psi \left(\frac{X_{t-1}}{C_t} \right)^{(1-\gamma)} H_t^{1+\chi} \right]^{-\sigma-1}$$

$$\left\{ -\sigma + 2\sigma\gamma\psi \left(\frac{X_{t-1}}{C_t} \right)^{(1-\gamma)} H_t^{1+\chi} - \sigma\gamma^2\psi^2 \left(\frac{X_{t-1}}{C_t} \right)^{2(1-\gamma)} H_t^{2(1+\chi)} \right.$$

$$\left. + \gamma(1-\gamma)\psi \left(\frac{X_{t-1}}{C_t} \right)^{1-\gamma} H_t^{1+\chi} - \gamma(1-\gamma)\psi^2 \left(\frac{X_{t-1}}{C_t} \right)^{2(1-\gamma)} H_t^{2(1+\chi)} \right\}$$

$$= C_t^{-\sigma-1} \left[1 - \psi \left(\frac{X_{t-1}}{C_t} \right)^{(1-\gamma)} H_t^{1+\chi} \right]^{-\sigma-1}$$

$$\left\{ -\sigma + \gamma\psi(1-\gamma+2\sigma) \left(\frac{X_{t-1}}{C_t} \right)^{(1-\gamma)} H_t^{1+\chi} \right.$$

$$\left. - \gamma(\sigma\gamma+1-\gamma)\psi^2 \left(\frac{X_{t-1}}{C_t} \right)^{2(1-\gamma)} H_t^{2(1+\chi)} \right\}$$

$$= C_t^{-\sigma-1} \left[1 - \psi \left(\frac{X_{t-1}}{C_t} \right)^{(1-\gamma)} H_t^{1+\chi} \right]^{-\sigma-1}$$

$$\left\{ -\gamma[1-(1-\sigma)\gamma]\psi^2 \left(\frac{X_{t-1}}{C_t} \right)^{2(1-\gamma)} H_t^{2(1+\chi)} \right.$$

$$\left. + \gamma(2\sigma+1-\gamma)\psi \left(\frac{X_{t-1}}{C_t} \right)^{(1-\gamma)} H_t^{1+\chi} - \sigma \right] \tag{3-4}$$

上面第一个等式是计算中括号中的平方的值得到的，第二个等式是合并同类项之后得到的，经过整理，得到第三个等式。为了判断它的符号，只需考虑大括号里面的各项和：

$$-\gamma[1-(1-\sigma)\gamma]\psi^2\left(\frac{X_{t-1}}{C_t}\right)^{2(1-\gamma)}H_t^{2(1+\chi)}$$

$$+\gamma(2\sigma+1-\gamma)\psi\left(\frac{X_{t-1}}{C_t}\right)^{(1-\gamma)}H_t^{1+\chi}-\sigma$$

把它进行变化和整理，得到：

$$=-\gamma[1-(1-\sigma)\gamma]\left\{\psi^2\left(\frac{X_{t-1}}{C_t}\right)^{2(1-\gamma)}H_t^{2(1+\chi)}\right.$$

$$\left.-\frac{2\sigma+1-\gamma}{1-(1-\sigma)\gamma}\psi\left(\frac{X_{t-1}}{C_t}\right)^{(1-\gamma)}H_t^{1+\chi}+\frac{(2\sigma+1-\gamma)^2}{4[1-(1-\sigma)\gamma]^2}\right\}$$

$$+\gamma[1-(1-\sigma)\gamma]\frac{(2\sigma+1-\gamma)^2}{4[1-(1-\sigma)\gamma]^2}-\sigma$$

$$=-\gamma[1-(1-\sigma)\gamma]\left\{\psi\left(\frac{X_{t-1}}{C_t}\right)^{(1-\gamma)}H_t^{(1+\chi)}\right.$$

$$\left.-\frac{2\sigma+1-\gamma}{2[1-(1-\sigma)\gamma]}\right\}^2+\frac{\gamma(2\sigma+1-\gamma)^2}{4[1-(1-\sigma)\gamma]}-\sigma$$

我们需要计算 $\frac{\gamma(2\sigma+1-\gamma)^2}{4[1-(1-\sigma)\gamma]}-\sigma$ 的值以判断 $\frac{\partial^2 u_t}{\partial C_t^2}$ 的正负。

下面进行这一计算：

$$\frac{\gamma(2\sigma+1-\gamma)^2}{4[1-(1-\sigma)\gamma]}-\sigma$$

$$=\frac{\gamma[4\sigma^2+4\sigma(1-\gamma)+(1-\gamma)^2]-4\sigma+4\sigma(1-\sigma)\gamma}{4[1-(1-\sigma)\gamma]}$$

$$=\frac{\gamma 4\sigma^2+4\sigma\gamma-4\sigma\gamma^2+(1-\gamma)^2-4\sigma+4\sigma\gamma-4\sigma^2\gamma}{4[1-(1-\sigma)\gamma]}$$

$$=\frac{8\sigma\gamma-4\sigma\gamma^2+\gamma(1-\gamma)^2-4\sigma}{4[1-(1-\sigma)\gamma]}$$

$$=\frac{-4\sigma(\gamma^2-2\gamma+1)+\gamma(1-\gamma)^2}{4[1-(1-\sigma)\gamma]}$$

$$= \frac{\gamma(1-\gamma)^2 - 4\sigma(1-\gamma)^2}{4[1-(1-\sigma)\gamma]}$$

$$= \frac{(1-\gamma)^2(\gamma-4\sigma)}{4[1-(1-\sigma)\gamma]}$$

上面第一个等式是通分后得到的结果,第二个等式是打开括号的结果,第二个等式经过整理得到第三个等式,第四个等式是合并同类项得到的,经过整理,得到后面两个等式。

若 $\gamma < 4\sigma$,则有:

$$\frac{\partial^2 u_t}{\partial C_t^2} < 0$$

现在再考虑 $\frac{\partial^2 u_t}{\partial H_t^2}$ 的符号。计算:

$$\frac{\partial^2 u_t}{\partial H_t^2} = -\sigma C_t^{1-\sigma}\left[1-\psi\left(\frac{X_{t-1}}{C_t}\right)^{1-\gamma}H_t^{1+\chi}\right]^{-\sigma-1}$$

$$\left[-(1+\chi)\psi\left(\frac{X_{t-1}}{C_t}\right)^{1-\gamma}H_t^{\chi}\right]\left[-(1+\chi)\psi\left(\frac{X_{t-1}}{C_t}\right)^{1-\gamma}H_t^{\chi}\right]$$

$$+ C_t^{1-\sigma}\left[1-\psi\left(\frac{X_{t-1}}{C_t}\right)^{1-\gamma}H_t^{1+\chi}\right]^{-\sigma}\left[-\chi(1+\chi)\psi\left(\frac{X_{t-1}}{C_t}\right)^{1-\gamma}H_t^{\chi-1}\right]$$

对上式两项和中的每一项进行整理,得到:

$$-\sigma C_t^{1-\sigma}\left[1-\psi\left(\frac{X_{t-1}}{C_t}\right)^{1-\gamma}H_t^{1+\chi}\right]^{-\sigma-1}(1+\chi)^2\psi^2\left(\frac{X_{t-1}}{C_t}\right)^{2(1-\gamma)}H_t^{2\chi}$$

$$+ C_t^{1-\sigma}\left[1-\psi\left(\frac{X_{t-1}}{C_t}\right)^{1-\gamma}H_t^{1+\chi}\right]^{-\sigma}\left[-\chi(1+\chi)\psi\left(\frac{X_{t-1}}{C_t}\right)^{1-\gamma}H_t^{\chi-1}\right]$$

再在和的这两项中提取公因式,得到:

$$C_t^{1-\sigma}\left[1-\psi\left(\frac{X_{t-1}}{C_t}\right)^{1-\gamma}H_t^{1+\chi}\right]^{-\sigma-1}\left\{-\sigma(1+\chi)^2\psi^2\left(\frac{X_{t-1}}{C_t}\right)^{2(1-\gamma)}H_t^{2\chi}\right.$$

$$\left.-\chi(1+\chi)\psi\left(\frac{X_{t-1}}{C_t}\right)^{1-\gamma}H_t^{\chi-1}\left[1-\psi\left(\frac{X_{t-1}}{C_t}\right)^{1-\gamma}H_t^{1+\chi}\right]\right\}$$

对后面大括号中的项提取公因式并整理,得到:

$$\frac{\partial^2 u_t}{\partial C_t^2}=C_t^{1-\sigma}\left[1-\psi\left(\frac{X_{t-1}}{C_t}\right)^{1-\gamma}H_t^{1+\chi}\right]^{-\sigma-1}(1+\chi)\psi\left(\frac{X_{t-1}}{C_t}\right)^{1-\gamma}$$

$$H_t^{\chi-1}\left\{-\chi\left[1-\psi\left(\frac{X_{t-1}}{C_t}\right)^{1-\gamma}H_t^{1+\chi}\right]-\sigma(1+\chi)\psi\left(\frac{X_{t-1}}{C_t}\right)^{(1-\gamma)}H_t^{1+\chi}\right\}$$

$$=C_t^{1-\sigma}\left[1-\psi\left(\frac{X_{t-1}}{C_t}\right)^{1-\gamma}H_t^{1+\chi}\right]^{-\sigma-1}(1+\chi)\psi\left(\frac{X_{t-1}}{C_t}\right)^{1-\gamma}$$

$$H_t^{\chi-1}\left\{-\chi+(\chi-\sigma-\sigma\chi)\psi\left(\frac{X_{t-1}}{C_t}\right)^{1-\gamma}H_t^{1+\chi}\right\}$$

$$=C_t^{1-\sigma}\left[1-\psi\left(\frac{X_{t-1}}{C_t}\right)^{1-\gamma}H_t^{1+\chi}\right]^{-\sigma-1}(1+\chi)\psi\left(\frac{X_{t-1}}{C_t}\right)^{1-\gamma}$$

$$H_t^{\chi-1}\left\{-\chi+[\chi(1-\sigma)-\sigma]\psi\left(\frac{X_{t-1}}{C_t}\right)^{1-\gamma}H_t^{1+\chi}\right\} \quad (3-5)$$

现在,整理大括号里的各项和,得到:

$$-\chi+[\chi(1-\sigma)-\sigma]\psi\left(\frac{X_{t-1}}{C_t}\right)^{1-\gamma}H_t^{1+\chi}$$

$$=-\chi+\chi\psi\left(\frac{X_{t-1}}{C_t}\right)^{1-\gamma}H_t^{1+\chi}-\sigma(1+\chi)\psi\left(\frac{X_{t-1}}{C_t}\right)^{1-\gamma}H_t^{1+\chi}$$

$$=-\chi\left[1-\psi\left(\frac{X_{t-1}}{C_t}\right)^{1-\gamma}H_t^{1+\chi}\right]-\sigma(1+\chi)\psi\left(\frac{X_{t-1}}{C_t}\right)^{1-\gamma}H_t^{1+\chi}$$

由于

$$\psi\left(\frac{X_{t-1}}{C_t}\right)^{1-\gamma}H_t^{1+\chi}<1$$

可以知道第一项小于零,而第二项明显是负的,所以,大括号的各项和是负的,而在$\dfrac{\partial^2 u_t}{\partial H_t^2}$的表达式里,大括号前的各项乘积的所有因子都是正的,所以,

$$\dfrac{\partial^2 u_t}{\partial H_t^2} < 0$$

而计算:

$$\begin{aligned}
\dfrac{\partial^2 u_t}{\partial H_t \partial C_t} =& -\sigma C_t^{-\sigma}\left[1-\psi\left(\dfrac{X_{t-1}}{C_t}\right)^{1-\gamma}H_t^{1+\chi}\right]^{-\sigma-1}\\
& \left[1-\gamma\psi\left(\dfrac{X_{t-1}}{C_t}\right)^{1-\gamma}H_t^{1+\chi}\right]\left[-\psi(1+\chi)\left(\dfrac{X_{t-1}}{C_t}\right)^{1-\gamma}H_t^{\chi}\right]\\
& -C_t^{-\sigma}\left[1-\psi\left(\dfrac{X_{t-1}}{C_t}\right)^{1-\gamma}H_t^{1+\chi}\right]^{-\sigma}(1+\chi)\gamma\psi\left(\dfrac{X_{t-1}}{C_t}\right)^{1-\gamma}H_t^{\chi}\\
=& C_t^{-\sigma}\left[1-\psi\left(\dfrac{X_{t-1}}{C_t}\right)^{1-\gamma}H_t^{1+\chi}\right]^{-\sigma-1}(1+\chi)\psi\left(\dfrac{X_{t-1}}{C_t}\right)^{1-\gamma}\\
& H_t^{\chi}\left\{\sigma\left[1-\gamma\psi\left(\dfrac{X_{t-1}}{C_t}\right)^{1-\gamma}H_t^{1+\chi}\right]-\gamma\left[1-\psi\left(\dfrac{X_{t-1}}{C_t}\right)^{1-\gamma}H_t^{1+\chi}\right]\right\}\\
=& C_t^{-\sigma}\left[1-\psi\left(\dfrac{X_{t-1}}{C_t}\right)^{1-\gamma}H_t^{1+\chi}\right]^{-\sigma-1}(1+\chi)\psi\left(\dfrac{X_{t-1}}{C_t}\right)^{1-\gamma}\\
& H_t^{\chi}\left[\sigma-\sigma\gamma\psi\left(\dfrac{X_{t-1}}{C_t}\right)^{1-\gamma}H_t^{1+\chi}-\gamma+\gamma\psi\left(\dfrac{X_{t-1}}{C_t}\right)^{1-\gamma}H_t^{1+\chi}\right]\\
=& C_t^{-\sigma}\left[1-\psi\left(\dfrac{X_{t-1}}{C_t}\right)^{1-\gamma}H_t^{1+\chi}\right]^{-\sigma-1}(1+\chi)\psi\left(\dfrac{X_{t-1}}{C_t}\right)^{1-\gamma}\\
& H_t^{\chi}\left[\sigma-\gamma+\gamma(1-\sigma)\psi\left(\dfrac{X_{t-1}}{C_t}\right)^{1-\gamma}H_t^{1+\chi}\right] \quad (3-6)
\end{aligned}$$

经过整理,得到第二个等式,在大括号中进行打开中括号的运算,得到第三个等式,再经过整理,得到最后一

个等式。最后，在上式的大括号中如果 $\sigma > \gamma$，则有：

$$\frac{\partial^2 u_t}{\partial H_t \partial C_t} > 0$$

最后，计算：

$$\frac{\partial^2 u_t}{\partial C_t^2}\frac{\partial^2 u_t}{\partial H_t^2} - \left(\frac{\partial^2 u_t}{\partial H_t \partial C_t}\right)^2$$

$$= C_t^{-2\sigma}\left[1 - \psi\left(\frac{X_{t-1}}{C_t}\right)^{(1-\gamma)} H_t^{1+\chi}\right]^{-2\sigma-2}(1+\chi)\psi\left(\frac{X_{t-1}}{C_t}\right)^{1-\gamma}$$

$$H_t^{\chi-1}\left\{\left[-\gamma(1-(1-\sigma)\gamma)\psi^2\left(\frac{X_{t-1}}{C_t}\right)^{2(1-\gamma)}\right.\right.$$

$$H_t^{2(1+\chi)} + \gamma(2\sigma+1-\gamma)\psi\left(\frac{X_{t-1}}{C_t}\right)^{(1-\gamma)} H_t^{1+\chi} - \sigma\right]$$

$$\left[-\chi + (\chi(1-\sigma)-\sigma)\psi\left(\frac{X_{t-1}}{C_t}\right)^{1-\gamma} H_t^{1+\chi}\right]$$

$$\left. -(1+\chi)\psi\left(\frac{X_{t-1}}{C_t}\right)^{1-\gamma} H_t^{1+\chi}\left[\sigma - \gamma + \gamma(1-\sigma)\psi\left(\frac{X_{t-1}}{C_t}\right)^{1-\gamma} H_t^{1+\chi}\right]^2\right\}$$

整理大括号里的项：

$$\left[(2\sigma+1-\gamma)\gamma\psi\left(\frac{X_{t-1}}{C_t}\right)^{1-\gamma} H_t^{1+\chi}\right.$$

$$\left. -(1-(1-\sigma)\gamma)\gamma\psi^2\left(\frac{X_{t-1}}{C_t}\right)^{2(1-\gamma)} H_t^{2(1+\chi)} - \sigma\right]$$

$$\left[-\chi + (\chi(1-\sigma)-\sigma)\psi\left(\frac{X_{t-1}}{C_t}\right)^{1-\gamma} H_t^{1+\chi}\right]$$

$$-(1+\chi)\psi\left(\frac{X_{t-1}}{C_t}\right)^{1-\gamma} H_t^{1+\chi}\left[\sigma - \gamma + \gamma(1-\sigma)\psi\left(\frac{X_{t-1}}{C_t}\right)^{1-\gamma} H_t^{1+\chi}\right]^2$$

为了表示方便，令

$$\psi\left(\frac{X_{t-1}}{C_t}\right)^{1-\gamma} H_t^{1+\chi} = g$$

大括号里的各项和可以改写为如下形式：

$$\{(2\sigma+1-\gamma)\gamma g - [1-(1-\sigma)\gamma]\gamma g^2 - \sigma\}$$
$$\{-\chi + [\chi(1-\sigma)-\sigma]g\} - (1+\chi)g[\sigma-\gamma+\gamma(1-\sigma)g]^2$$
$$= -\chi\gamma(1-\gamma+2\sigma)g + \chi\gamma[1-(1-\sigma)\gamma]g^2 + \sigma\chi$$
$$+ \gamma(1-\gamma+2\sigma)[\chi(1-\sigma)-\sigma]g^2 - \gamma[1-(1-\sigma)\gamma][\chi(1-\sigma)-\sigma]g^3$$
$$- \sigma[\chi(1-\sigma)-\sigma]g - (1+\chi)(\sigma-\gamma)^2 g$$
$$- 2\gamma(1+\chi)(\sigma-\gamma)(1-\sigma)g^2 - (1+\chi)\gamma^2(1-\sigma)^2 g^3$$
$$= -\gamma\{[1-(1-\sigma)\gamma][\chi(1-\sigma)-\sigma] + \gamma(1+\chi)(1-\sigma)^2\}g^3$$
$$+ \gamma\{\chi[1-(1-\sigma)\gamma] + (1-\gamma+2\sigma)[\chi(1-\sigma)-\sigma]$$
$$- 2(1+\chi)(\sigma-\gamma)(1-\sigma)\}g^2 - \{\gamma\chi(1-\gamma+2\sigma)$$
$$+ \sigma[\chi(1-\sigma)-\sigma] + (1+\chi)(\sigma-\gamma)^2\}g + \sigma\chi$$

$$(3-7)$$

对第二个等式合并同类项，得到第三个等式。

为了判断和的正负，就要考虑 g^3、g^2 和 g 的系数。第一，考虑 g^3 的系数，记为 k_3，由式（3-7），得到：

$$k_3 = -\gamma\{[1-(1-\sigma)\gamma][\chi(1-\sigma)-\sigma] + \gamma(1+\chi)(1-\sigma)^2\}$$
$$= -\gamma[\chi(1-\sigma)-\sigma-\gamma\chi(1-\sigma)^2+\sigma\gamma(1-\sigma)$$
$$+ \gamma(1-\sigma)^2 + \gamma\chi(1-\sigma)^2]$$
$$= -\gamma[\chi(1-\sigma)-\sigma+\sigma\gamma(1-\sigma)+\gamma(1-\sigma)^2]$$
$$= -\gamma[\gamma(1-\sigma)^2 + (\chi+\sigma\gamma)(1-\sigma)-\sigma]$$
$$= -\gamma[\gamma-2\sigma\gamma+\sigma^2\gamma+\chi+\sigma\gamma-\sigma\chi-\sigma^2\gamma-\sigma]$$
$$= -\gamma[\gamma-\sigma\gamma+\chi-\sigma\chi-\sigma]$$
$$= -\gamma[(\gamma+\chi)-\sigma(1+\gamma+\chi)]$$

上面各个等式都是经过打开括号合并同类项整理得到的结果。

第二，考虑 g^2 的系数 k_2，根据式（3-7），经过打开括号，合并同类项和整理，得到：

$$k_2 = \gamma\{\chi[1-(1-\sigma)\gamma]+(1-\gamma+2\sigma)[\chi(1-\sigma)-\sigma]$$
$$-2(1+\chi)(\sigma-\gamma)(1-\sigma)\}$$
$$= \gamma[\chi-(1-\sigma)\gamma\chi+\chi(1-\sigma)-\sigma-\gamma\chi(1-\sigma)$$
$$+\gamma\sigma+2\sigma\chi(1-\sigma)-2\sigma^2$$
$$-2(\sigma-\gamma)(1-\sigma)-2\chi(\sigma-\gamma)(1-\sigma)]$$
$$= \gamma[\chi-2(1-\sigma)\gamma\chi+\chi(1-\sigma)-\sigma+\gamma\sigma$$
$$+2\sigma\chi(1-\sigma)-2\sigma^2$$
$$-2\sigma(1-\sigma)+2\gamma(1-\sigma)-2\chi\sigma(1-\sigma)+2\chi\gamma(1-\sigma)]$$
$$= \gamma[2\chi-\sigma\chi-\sigma+\gamma\sigma+2\sigma\chi-2\sigma^2\chi-2\sigma^2$$
$$-2\sigma+2\sigma^2+2\gamma-2\gamma\sigma-2\chi\sigma+2\chi\sigma^2]$$
$$= \gamma[2\chi-3\sigma+2\gamma-\gamma\sigma-\chi\sigma]$$
$$= \gamma[2(\gamma+\chi)-\sigma(3+\gamma+\chi)]$$

第三，考虑 g 的系数 k_1，根据式（3-7），经过与上面类似的计算，得到：

$$k_1 = -\{\gamma\chi(1-\gamma+2\sigma)+\sigma[\chi(1-\sigma)-\sigma]$$
$$+(1+\chi)(\sigma-\gamma)^2\}$$
$$= -[\gamma\chi-\gamma^2\chi+2\sigma\chi\gamma+\sigma\chi(1-\sigma)-\sigma^2$$
$$+(\sigma-\gamma)^2+\chi(\sigma-\gamma)^2]$$
$$= -[\gamma\chi-\gamma^2\chi+2\sigma\chi\gamma+\sigma\chi-\sigma^2\chi$$
$$-2\sigma\gamma+\gamma^2+\chi\sigma^2-2\sigma\chi\gamma+\chi\gamma^2]$$
$$= -[\gamma\chi+\sigma\chi-2\sigma\gamma+\gamma^2]$$
$$= -[\gamma(\gamma+\chi)-\sigma(2\gamma-\chi)]$$

下面，分别检验这些系数的符号。可以得到如下几点。

（1）当 $\sigma < \dfrac{\gamma+\chi}{1+(\gamma+\chi)}$ 时，$k_3 < 0$；当 $\sigma > \dfrac{\gamma+\chi}{1+(\gamma+\chi)}$ 时，$k_3 > 0$。

（2）当 $\sigma < \dfrac{2(\gamma+\chi)}{3+(\gamma+\chi)}$ 时，$k_2 > 0$；当 $\sigma > \dfrac{2(\gamma+\chi)}{3+(\gamma+\chi)}$ 时，$k_2 < 0$。

（3）当 $\chi \geq 2\gamma$ 时，$k_1 < 0$；当 $\chi < 2\gamma$ 且 $\sigma < \dfrac{\gamma(\gamma+\chi)}{2\gamma-\chi}$ 时，$k_1 < 0$；当 $\chi < 2\gamma$ 且 $\sigma > \dfrac{\gamma(\gamma+\chi)}{2\gamma-\chi}$ 时，$k_1 > 0$。

为了证明方便，设立一个辅助函数：

$$F(g) = k_3 g^3 + k_2 g^2 + k_1 g + \sigma\chi$$

第一，计算下面要用到的函数 $F(g)$ 在 0 和 1 时的函数值，得到：

$$\begin{aligned}
F(1) &= -\gamma(\gamma+\chi)(1-\sigma) + \sigma\gamma + \gamma(\gamma+\chi)(2-\sigma) \\
&\quad - 3\sigma\gamma - \chi\gamma - \sigma\chi + 2\gamma\sigma - \gamma^2 + \sigma\chi \\
&= \gamma(\gamma+\chi) - \chi\gamma - \gamma^2 = 0 \\
F(0) &= \sigma\chi > 0
\end{aligned}$$

第二，考虑在 $[0,1]$ 中，是否有使 $F'(g) = 0$ 的点。

对 $F(g)$ 求导，得到：

$$F'(g) = 3k_3 g^2 + 2k_2 g + k_1$$

令

$$F'(g) = 3k_3 g^2 + 2k_2 g + k_1 = 0$$

解这一方程，得到解为：

$$g = \frac{-2k_2 \pm \sqrt{4k_2^2 - 12k_1k_3}}{6k_3} = \frac{-k_2 \pm \sqrt{k_2^2 - 3k_1k_3}}{3k_3}$$

$$= \frac{-k_2}{3k_3}\left(1 \pm \sqrt{1 - \frac{3k_1k_3}{k_2^2}}\right)$$

令这一方程的两个解分别为:

$$g^{01} = \frac{-k_2}{3k_3}\left(1 - \sqrt{1 - \frac{3k_1k_3}{k_2^2}}\right)$$

$$g^{02} = \frac{-k_2}{3k_3}\left(1 + \sqrt{1 - \frac{3k_1k_3}{k_2^2}}\right)$$

再看函数 $F(g)$ 的二阶导数 $F''(g) = 0$ 是否有解存在。首先计算 $F''(g)$:

$$F''(g) = 6k_3g + 2k_2 = 2(3k_3g + k_2)$$

令

$$F''(g) = 2(3k_3g + k_2) = 0$$

得到:

$$g_0 = -\frac{k_2}{3k_3}$$

综上所述,如下两式成立:

$$F'(g^{01}) = F'(g^{02}) = 0$$
$$F''(g_0) = 0$$

现在,根据 $F'(g) = 0$ 的两个根的位置和 $g_0 = -\dfrac{k_2}{3k_3}$ 的位置,以及 $F'(0)$ 与 $F'(1)$、$F''(0)$ 与 $F''(1)$ 的正负来确定 $F(g)$ 的最小值是否在 $(0,1)$ 中取到。当 $F(g)$ 不在 $(0,1)$ 中

取最小值时，其最小值只能在端点 0 和 1 处取到，而由于

$$F(1) = 0$$
$$F(0) = \sigma\chi > 0$$

所以，最小值只能在端点 1 取到，而且 $F(g)$ 的最小值为 0。因而对 $(0, 1)$ 中的任意 g，都有 $F(g) > 0$。根据前面辅助函数的设定，这时应有

$$\frac{\partial^2 u_t}{\partial C_t^2}\frac{\partial^2 u_t}{\partial H_t^2} - \left(\frac{\partial^2 u_t}{\partial H_t \partial C_t}\right)^2 \geq 0$$

上式对任意 $\psi\left(\dfrac{X_{t-1}}{C_t}\right)^{1-\gamma} H_t^{1+\chi} \leq 1$ 都成立。因而 u_t 是关于 (C_t, H_t) 的凹函数。

而当 $F(g)$ 在 $(0, 1)$ 中取最小值时，设在 $g_1 \in (0, 1)$ 取到最小值，且 $F(g_1) < F(1) = 0$ 时，也就是说，当 $F(g_1)$ 是负的时，可以找到 (C_t, H_t) [实际上这样的 (C_t, H_t) 不是唯一的，可以找到一个 (C_t, H_t) 的区域]，使得 $g_1 = \psi\left(\dfrac{X_{t-1}}{C_t}\right)^{1-\gamma} H_t^{1+\chi}$。根据辅助函数 $F(g)$ 设立时的定义，$F(g_1)$ 小于零，就意味着：

$$\frac{\partial^2 u_t}{\partial C_t^2}\frac{\partial^2 u_t}{\partial H_t^2} - \left(\frac{\partial^2 u_t}{\partial H_t \partial C_t}\right)^2 < 0$$

那么，在 (C_t, H_t) 上就违背如果 u_t 是凹函数就一定有 $\dfrac{\partial^2 u_t}{\partial C_t^2}\dfrac{\partial^2 u_t}{\partial H_t^2} - \left(\dfrac{\partial^2 u_t}{\partial H_t \partial C_t}\right)^2 \geq 0$ 的定义。

以上结论基于对任意 (C_t, H_t) 都成立的关于凹函数的定义。所以，如果在 $(0, 1)$ 中存在最小值点，且其函数值小于 $F(1) = 0$，u_t 关于 (C_t, H_t) 就不是凹函数。那么现在，就转

为讨论$F(g)$是否有在$(0,1)$中取到最小值的机会,以此来判断$\dfrac{\partial^2 u_t}{\partial C_t^2}\dfrac{\partial^2 u_t}{\partial H_t^2} - \left(\dfrac{\partial^2 u_t}{\partial H_t \partial C_t}\right)^2$的正负。

$F(g)$在$(0,1)$中取到最小值,这需要,第一,根号内是非负的,即

$$k_2^2 - 3k_1 k_3 \geqslant 0$$

第二,需要二阶导数在$(0,1)$中有正值,例如

$$F''(0) = 2k_2 > 0$$

这需要计算下面的值:$F'(0)$、$F'(1)$、$F''(0)$和$F''(1)$。

第三,由$F'(g) = 3k_3 g^2 + 2k_2 g + k_1$,得到:

$$F'(0) = k_1$$

$$\begin{aligned}
F'(1) &= 3k_3 + 2k_2 + k_1 = k_1 + k_2 + k_3 + k_2 + 2k_3 \\
&= -\sigma\chi + \gamma[(2-\sigma)(\chi+\gamma) - 3\sigma] \\
&\quad - 2\gamma[(\gamma+\chi)(1-\sigma) - \sigma] \\
&= -\sigma\chi + \gamma(2-\sigma)(\chi+\gamma) - 3\sigma\gamma \\
&\quad - 2\gamma(\gamma+\chi)(1-\sigma) + 2\gamma\sigma \\
&= -\sigma\chi + \gamma(\chi+\gamma)\sigma - \sigma\gamma \\
&= -\sigma(\gamma+\chi) + \gamma(\chi+\gamma)\sigma \\
&= -\sigma(\gamma+\chi)(1-\gamma) < 0
\end{aligned}$$

第四,由$F''(g) = 6k_3 g + 2k_2$,计算出:

$$F''(0) = 2k_2$$

$$F''(1) = 2(k_2 + 3k_3)$$

现在可知,问题的关键是k_1、k_2的正负和$k_2 + 3k_3$的正负。它们的符号不同导致$F'(0)$、$F''(0)$和$F''(1)$的符号也

不同。

下面先计算：

$$k_2 + 3k_3 = \gamma[2(\gamma+\chi) - \sigma(3+\gamma+\chi)]$$
$$\quad -3\gamma[\gamma+\chi-(1+\gamma+\chi)\sigma]$$
$$= 2\gamma(\gamma+\chi) - 3\sigma\gamma - \sigma\gamma(\gamma+\chi) - 3\gamma(\gamma+\chi)$$
$$\quad +3\gamma\sigma + 3\gamma\sigma(\gamma+\chi)$$
$$= -\gamma(\gamma+\chi) + 2\sigma\gamma(\gamma+\chi)$$
$$= (\gamma+\chi)(2\sigma\gamma - \gamma)$$
$$= \gamma(\gamma+\chi)(2\sigma - 1)$$

（4）当 $\sigma > \frac{1}{2}$ 时，$k_2 + 3k_3 > 0$；当 $\sigma < \frac{1}{2}$ 时，$k_2 + 3k_3 < 0$。

首先，我们考虑 $F''(1)$ 是正数的情况，也就是 $\sigma > \frac{1}{2}$ 的情况，在这种情况下，我们证明 $u_t(C_t, H_t)$ 是关于 (C_t, H_t) 的凹函数，得到以下引理。

引理 3 - 1　设 $\gamma + \chi < 1$，令 $\sigma > \frac{1}{2}$，则 $u_t(C_t, H_t)$ 是关于 (C_t, H_t) 的凹函数。

证明：由引理的假设，得到：

$$4\sigma > 2$$

所以一定有 $4\sigma > \gamma$ 成立。由于它是 $\frac{\partial^2 u_t}{\partial C_t^2} < 0$ 的充分必要条件，所以由根据式（3-3），一定有：

$$\frac{\partial^2 u_t}{\partial C_t^2} < 0$$

由于 $\frac{\partial^2 u_t}{\partial H^2} < 0$ 成立，所以下面只需证明下式成立：

$$\frac{\partial^2 u_t}{\partial C_t^2}\frac{\partial^2 u_t}{\partial H_t^2} - \left(\frac{\partial^2 u_t}{\partial H_t \partial C_t}\right)^2 \geqslant 0$$

根据前面所设,得到:

$$\frac{\partial^2 u_t}{\partial C_t^2}\frac{\partial^2 u_t}{\partial H_t^2} - \left(\frac{\partial^2 u_t}{\partial H_t \partial C_t}\right)^2 = F(g)$$

所以,只需证明 $F(g) \geqslant 0$ 对任意 $g \in (0,1)$ 都成立即可。

由于 $\sigma > \frac{1}{2}$,应有:

$$k_2 + 3k_3 > 0$$

因而得到:

$$F''(1) > 0$$

现在,考虑 $F''(0)$ 和 $F'(0)$ 的符号。由于

$$F''(0) = 2k_2$$
$$F'(0) = k_1$$

要知道 $F''(0)$ 和 $F'(0)$ 的正负,就是要知道 k_1 和 k_2 的符号。为了知道 k_2 的符号,先计算:

$$\begin{aligned}
2k_2 + 3k_3 &= 2\gamma[2(\gamma+\chi) - \sigma(3+\gamma+\chi)] \\
&\quad - 3\gamma[(\gamma+\chi) - (1+\gamma+\chi)\sigma] \\
&= 4\gamma(\gamma+\chi) - 2\gamma\sigma(3+\gamma+\chi) \\
&\quad - 3\gamma(\gamma+\chi) + 3\gamma\sigma(1+\gamma+\chi) \\
&= \gamma(\gamma+\chi) - 6\gamma\sigma - 2\gamma\sigma(\gamma+\chi) \\
&\quad + 3\gamma\sigma + 3\gamma\sigma(\gamma+\chi) \\
&= \gamma(\gamma+\chi) - 3\gamma\sigma + \gamma\sigma(\gamma+\chi)
\end{aligned}$$

$$\begin{aligned} &= \gamma[(1+\sigma)(\gamma+\chi)-3\sigma] \\ &= \gamma[\gamma+\chi-\sigma(3-\gamma-\chi)] \\ &= -\gamma[\sigma(3-\gamma-\chi)-(\gamma+\chi)] \\ &< -\gamma\left[\frac{1}{2}(3-\gamma-\chi)-(\gamma+\chi)\right] \\ &= -\gamma\left[\frac{3}{2}-\frac{3}{2}(\gamma+\chi)\right] \\ &= -\frac{3\gamma}{2}[1-(\gamma+\chi)] \end{aligned}$$

由于 $\gamma+\chi<1$,因而,

$$2k_2+3k_3<0$$

由于 $k_2+3k_3>0$,两式相减,得到:

$$2k_2+3k_3-k_2-3k_3<0$$

进一步整理得到:

$$k_2<0$$

这样,由 $k_2+3k_3>0$,也得到:

$$k_3>0$$

由 $k_2<0$,得到:

$$F''(0)=2k_2<0$$

我们还要知道 $F'(0)=k_1$ 的符号。

现在考虑两种情况:①$k_1\leqslant 0$,②$k_1>0$。

先考虑第一种情况,即 $k_1\leqslant 0$。由 $F'(0)=k_1\leqslant 0$,和 $F'(1)=3k_3+2k_1+k_1<k_1\leqslant 0$,得到:

$$F'(g)=3k_3g^2+2k_2g+k_1$$

$$= g(3k_3 g + 2k_2) + k_1$$
$$< g(3k_3 + 2k_2) + k_1$$
$$< k_1$$
$$\leqslant 0$$

上式对任意 $g \in (0,1)$ 都成立。上面式子中的第一个不等式成立，是因为 k_3 和 g 都是正的，而最后一个不等式成立是因为 $3k_3 + 2k_2$ 是负的。这样，对任意 $g \in [0,1]$，$F(g)$ 是递减的，因而在 $g = 1$ 处取得最小值，最小值 $F(1) = 0$。由于

$$\frac{\partial^2 u_t}{\partial C_t^2} \frac{\partial^2 u_t}{\partial H_t^2} - \left(\frac{\partial^2 u_t}{\partial H_t \partial C_t}\right)^2 = F(g) \geqslant 0$$

上式对任意 (C_t, H_t) 成立，因此 u_t 关于 (C_t, H_t) 是凹函数。

接下来考虑第二种情况，即 $k_1 > 0$。

在这种情况下，$F'(0) = k_1 > 0$ 和 $F''(0) = k_2 < 0$ 成立。根据前面计算结果可知，$F'(1) < 0$，由于 $F'(g)$ 是 g 的连续函数，应存在 $g \in (0,1)$，使得 $F'(g) = 0$。同时，

$$F''(1) = 6k_3 g + 2k_2$$
$$= 2(3k_3 g + k_2)$$
$$> 0$$
$$F''(0) = 2k_2 < 0$$

因为 $F''(g)$ 具有连续性，存在 $g_0 = \dfrac{-k_2}{3k_3} \in (0,1)$ 使得 $F''(g_0) = 0$。

由于只有一个使二阶导数为零的点，而且 $F(g)$ 的二

阶导数在 0 点的值是负的，所以，在 $[0, g_0)$ 中，$F''(g) < 0$，而由于 $F(g)$ 的二阶导数在点 1 的值是正的，在 $(g_0, 1]$ 上，$F''(g) > 0$。由于 $g^{01} < g_0$，所以 $F''(g^{01}) < 0$，因而，g^{01} 是极大值点；而 $g^{02} > g_0$，所以 $F''(g^{02}) > 0$，因而，g^{02} 是极小值点。

现在证明 $g^{02} > 1$。若 $g^{02} < 1$ 的话，在 $(g^{02}, 1)$ 上，$F'' > 0$，也就是说 $F'(g)$ 是递增的，但是 $0 = F'(g^{02}) > F'(1)$，二者矛盾。因而一定会有 $g^{02} > 1$。那么，唯一的极小值点不在 $[0, 1]$ 的范围内。所以，在 $(0, 1)$ 中没有极小值，而由于 $F(0) = \sigma\chi > F(1) = 0$，所以 $F(1)$ 是最小值。这样，根据前面的讨论，在这种情况下也有 $\dfrac{\partial^2 u_t}{\partial C_t^2} \dfrac{\partial^2 u_t}{\partial H_t^2} - \left(\dfrac{\partial^2 u_t}{\partial H_t \partial C_t} \right)^2 \geq 0$，对所有 (C_t, H_t) 成立。因此，u_t 关于 (C_t, H_t) 是凹的。Q. E. D.

现在考虑 $\sigma \leq \dfrac{1}{2}$ 的情况。在引理 3-2 的证明中，我们把区间 $\left[0, \dfrac{1}{2}\right]$ 再细分为 4 个小区间，在每个小区间上 k_2 和 k_3 的符号各不相同，在各个子区间上分别讨论 $F(g)$ 取最小值的可能性。证明了只有在第一个和第二个子区间上函数 $F(g)$ 才有取极小值的可能。

引理 3-2 设 $\gamma + \chi < 1$，当 $\sigma \leq \dfrac{1}{2}$ 时，只有当 σ 属于 $\left(0, \dfrac{\gamma + \chi}{3 - (\gamma + \chi)} \right]$ 和 $\left(\dfrac{\gamma + \chi}{3 - (\gamma + \chi)}, \dfrac{2(\gamma + \chi)}{3 + (\gamma + \chi)} \right]$ 时，u_t 才有可能关于 (C_t, H_t) 不是凹的。

证明：首先考虑 $\dfrac{\partial^2 u_t}{\partial C_t^2}$ 的符号。

$$\frac{\partial^2 u_t}{\partial C_t^2} = C_t^{-\sigma-1} \left[1 - \psi \left(\frac{X_{t-1}}{C_t} \right)^{(1-\gamma)} H_t^{1+\chi} \right]^{-\sigma-1}$$

$$\left\{ -\gamma [1-(1-\sigma)\gamma] \left[\psi \left(\frac{X_{t-1}}{C_t} \right)^{(1-\gamma)} H_t^{(1+\chi)} \right. \right.$$

$$\left. \left. - \frac{2\sigma+1-\gamma}{2[1-(1-\sigma)\gamma]} \right]^2 + \frac{(1-\gamma)^2(\gamma-4\sigma)}{4[1-(1-\sigma)\gamma]} \right\} \quad (3-8)$$

先计算：

$$2\sigma + 1 - \gamma - 2[1-(1-\sigma)\gamma]$$
$$= 2\sigma + 1 - \gamma - 2 + 2(1-\sigma)\gamma$$
$$= 2\sigma + 1 - \gamma - 2 + 2\gamma - 2\sigma\gamma$$
$$= 2\sigma(1-\gamma) + (1-\gamma) - 2(1-\gamma)$$
$$= 2\sigma(1-\gamma) - (1-\gamma)$$
$$= (1-\gamma)(2\sigma-1)$$

由于 $\sigma \leqslant \frac{1}{2}$，所以，$2\sigma - 1 \leqslant 0$。

代入上式，得到：

$$2\sigma + 1 - \gamma - 2[1-(1-\sigma)\gamma] \leqslant 0$$

即

$$2\sigma + 1 - \gamma < 2[1-(1-\sigma)\gamma]$$

整理可得：

$$\frac{2\sigma+1-\gamma}{2[1-(1-\sigma)\gamma]} \leqslant 1$$

很明显，可以看出：

$$\frac{2\sigma+1-\gamma}{2[1-(1-\sigma)\gamma]} > 0$$

当 $\sigma \in \left(0, \dfrac{\gamma}{4}\right)$ 时，可得：

$$g = \frac{2\sigma + 1 - \gamma}{2[1 - (1-\sigma)\gamma]}$$

由前面的证明可知：

$$0 \leqslant g \leqslant 1$$

把上式代入式（3-8）的大括号的第一项里，得到第一项为零。而大括号中的第二项为：

$$\frac{(1-\gamma)^2(\gamma - 4\sigma)}{4[1-(1-\sigma)\gamma]}$$

由 $\sigma < \dfrac{\gamma}{4}$，可以得到：

$$\gamma - 4\sigma > 0$$

而 $\dfrac{(1-\gamma)^2(\gamma - 4\sigma)}{4[1-(1-\sigma)\gamma]}$ 其他的各项分子、分母都大于零，所以这一项是正的。在 $\dfrac{\partial^2 u_t}{\partial C_t^2}$ 的表达式中，大括号前的各乘积因子都是正的，因而，可以得到：

$$\frac{\partial^2 u_t}{\partial C_t^2} > 0$$

同时可得：

$$g = \psi \left(\frac{X_{t-1}}{C_t}\right)^{(1-\gamma)} H_t^{(1+\chi)}$$

当 $\psi \left(\dfrac{X_{t-1}}{C_t}\right)^{(1-\gamma)} H_t^{(1+\chi)} = \dfrac{2\sigma + 1 - \gamma}{2[1-(1-\sigma)\gamma]}$ 时，可以看出

当 X_{t-1} 是给定时,满足上式的 (C_t, H_t) 不是唯一存在的,而是存在一个 (C_t, H_t) 的区域,在区间内上式被满足。

因而,当 $\sigma \in (0, \frac{\gamma}{4})$ 时,u_t 不是关于 C_t 的凹函数。

下面考虑 $\dfrac{\partial^2 u_t}{\partial C_t^2} \dfrac{\partial^2 u_t}{\partial H_t^2} - \left(\dfrac{\partial^2 u_t}{\partial H_t \partial C_t}\right)^2$ 的符号。

由前面计算可得:

$$k_2 + 3k_3 \leqslant 0$$

下面我们根据 k_2、k_3 和 $2k_2 + 3k_3$ 的正负区间,把 $\left(0, \dfrac{1}{2}\right)$ 再细分成几个小区间。

由于

$$\frac{\gamma+\chi}{1+\gamma+\chi} - \frac{2(\gamma+\chi)}{3+\gamma+\chi}$$

$$= \frac{3(\gamma+\chi) + (\gamma+\chi)^2 - 2(\gamma+\chi) - 2(\gamma+\chi)^2}{(1+\gamma+\chi)(3+\gamma+\chi)}$$

$$= \frac{(\gamma+\chi) - (\gamma+\chi)^2}{(1+\gamma+\chi)(3+\gamma+\chi)} = \frac{(\gamma+\chi)[1-(\gamma+\chi)]}{(1+\gamma+\chi)(3+\gamma+\chi)} > 0$$

可以得到:

$$\frac{\gamma+\chi}{1+\gamma+\chi} > \frac{2(\gamma+\chi)}{3+\gamma+\chi}$$

再由计算 $\dfrac{1}{2} - \dfrac{\gamma+\chi}{1+\gamma+\chi} = \dfrac{1+\gamma+\chi-2(\gamma+\chi)}{2(1+\gamma+\chi)} = \dfrac{1-(\gamma+\chi)}{2(1+\gamma+\chi)} > 0$,得到:

$$\frac{\gamma+\chi}{1+\gamma+\chi} < \frac{1}{2}$$

最后再比较 $\dfrac{\gamma+\chi}{3-(\gamma+\chi)}$ 和 $\dfrac{2(\gamma+\chi)}{3+(\gamma+\chi)}$ 的大小。

计算：

$$\dfrac{2(\gamma+\chi)}{3+(\gamma+\chi)} - \dfrac{\gamma+\chi}{3-(\gamma+\chi)} = \dfrac{\gamma+\chi}{9-(\gamma+\chi)^2}[6-2(\gamma+\chi)-3-(\gamma+\chi)]$$

$$= \dfrac{\gamma+\chi}{9-(\gamma+\chi)^2}[3-3(\gamma+\chi)]$$

$$= \dfrac{3(\gamma+\chi)}{9-(\gamma+\chi)^2}[1-(\gamma+\chi)]$$

由 $\gamma+\chi<1$ 得到：

$$\dfrac{\gamma+\chi}{3-(\gamma+\chi)} < \dfrac{2(\gamma+\chi)}{3+(\gamma+\chi)}$$

现在得到：

$$\dfrac{\gamma+\chi}{3-(\gamma+\chi)} < \dfrac{2(\gamma+\chi)}{3+(\gamma+\chi)} < \dfrac{\gamma+\chi}{1+\gamma+\chi} < \dfrac{1}{2}$$

下面把 $\left(0, \dfrac{1}{2}\right)$ 细分为 $\left(0, \dfrac{\gamma+\chi}{3-(\gamma+\chi)}\right]$、$\left(\dfrac{\gamma+\chi}{3-(\gamma+\chi)}, \dfrac{2(\gamma+\chi)}{3+(\gamma+\chi)}\right]$、$\left(\dfrac{2(\gamma+\chi)}{3+(\gamma+\chi)}, \dfrac{\gamma+\chi}{1+\gamma+\chi}\right]$、$\left(\dfrac{\gamma+\chi}{1+\gamma+\chi}, \dfrac{1}{2}\right)$。

下面详细分析在各小区间的情况。

首先研究 $\sigma \in \left(0, \dfrac{\gamma+\chi}{3-(\gamma+\chi)}\right]$ 的情况。

在这种情况下，有：

$$2k_2 + 3k_3 = \gamma[\gamma+\chi-\sigma(3-\gamma-\chi)] \geq 0$$

由于 $\sigma < \dfrac{2(\gamma+\chi)}{3+(\gamma+\chi)}$，所以 $k_2 > 0$。

又由 $\sigma < \dfrac{\gamma+\chi}{1+(\gamma+\chi)}$，得到 $k_3 < 0$。

由 $k_2 + 3k_3 < 0$，得到 $k_2 < -3k_3$，即 $\dfrac{-k_2}{3k_3} < 1$。所以 $g_0 = \dfrac{-k_2}{3k_3} < 1$，即 $g_0 \in (0,1)$。

根据上面的计算，我们得到：

$$F''(0) = 2k_2 > 0$$

$$F''(1) = 2(3k_3 + k_2) < 0$$

由于 $F''(g)$ 具有连续性，存在 $g_0 \in (0,1)$ 使 $F''(g_0) = 0$。

由于 $F'''(g)$ 是连续的，并且只有一个零点，所以，在 $(0, g_0)$ 上都有 $F''(g) > 0$，而在 $(g_0, 1)$ 上都有 $F''(g) < 0$。

根据上面计算，$F'(1) = 3k_3 + 2k_2 + k_1 < 0$，$2k_2 + 3k_3 \geq 0$，进而得到：

$$k_1 < 0$$

所以，

$$F'(0) = k_1 < 0$$

这样，在 $(0,1)$ 中 $F'(g)$ 可能没有零点，可能存在零点。如果没有使 $F'(g) = 0$ 的点，则在 $[0,1]$ 中 $F'(g)$ 都是负的，因此 $F'(0) < 0$，$F'(1) < 0$。因而 $F(g)$ 递减，1 是最小值点。

如果存在零点，则 $g^{01} < g_0$ 是极小值点。因为只有在 $(0, g_0)$ 上才有 $F''(g) > 0$，而在 $(g_0, 1)$ 上由于 $F''(g) < 0$，不满足最小值的条件。

比较 $F(g^{01})$ 与 $F(1)$。

$$F(1) - F(g^{01}) = k_3 + k_2 + k_1 + \sigma\chi - k_3(g^{01})^3 - k_2(g^{01})^2 - k_1 g^{01} - \sigma\chi$$
$$= k_3[1 - (g^{01})^3] + k_2[1 - (g^{01})^2] + k_1(1 - g^{01})$$

$$\begin{aligned}
&= (1-g^{01})\{k_3[1+g^{01}+(g^{01})^2]+k_2(1+g^{01})+k_1\} \\
&= (1-g^{01})\{3k_3(g^{01})^2-2k_3(g^{01})^2+k_3g^{01}+k_3+k_2g^{01}+k_2g^{01} \\
&\quad +k_2(1-g^{01})+k_1\} \\
&= (1-g^{01})\{3k_3(g^{01})^2+2k_2g^{01}+k_1+k_3g^{01}(1-g^{01}) \\
&\quad +k_3[1-(g^{01})^2]+k_2(1-g^{01})\} \\
&= (1-g^{01})^2\{k_3g^{01}+k_3[1+(g^{01})]+k_2\} \\
&= (1-g^{01})^2(2k_3g^{01}+k_2+k_3) \\
&= (1-g^{01})^2\left[-\frac{2k_2}{3}(1-\sqrt{1-\frac{3k_1k_3}{k_2^2}})+k_2+k_3\right] \\
&= (1-g^{01})^2\left[\frac{k_2}{3}+k_3+\frac{2k_2}{3}\sqrt{1-\frac{3k_1k_3}{k_2^2}}\right]
\end{aligned} \tag{3-9}$$

化简括号里的最后一项,可得:

$$\frac{2k_2}{3}\sqrt{1-\frac{3k_1k_3}{k_2^2}} = \frac{2}{3}\sqrt{k_2^2-3k_1k_3}$$

现在计算 $\frac{4}{9}(k_2^2-3k_1k_3)-\left(\frac{k_2}{3}+k_3\right)^2$。

根据前面的计算,可得:

$$\left(\frac{k_2}{3}+k_3\right)^2 = \frac{1}{9}\gamma^2(\gamma+\chi)^2(2\sigma-1)^2$$

这样,可以得到:

$$\begin{aligned}
&\frac{4}{9}(k_2^2-3k_1k_3)-\left(\frac{k_2}{3}+k_3\right)^2 \\
&= \frac{1}{9}[4\gamma^2(\gamma+\chi)^2-12\sigma\gamma(\gamma+\chi)^2-4\sigma\gamma^2(\gamma+\chi)^2 \\
&\quad +12\sigma^2\gamma(\gamma+\chi)(1+\chi)+4\sigma^2\gamma^2(\gamma+\chi)^2 \\
&\quad -\gamma^2(\gamma+\chi)^2(4\sigma^2-4\sigma+1)]
\end{aligned}$$

$$= \frac{1}{9}[3\gamma^2(\gamma+\chi)^2 - 12\sigma\gamma(\gamma+\chi)^2 + 12\sigma^2\gamma(\gamma+\chi)(1+\chi)]$$

$$= \frac{3}{9}\{\gamma^2(\gamma+\chi)^2 + 4\sigma\gamma(\gamma+\chi)[\sigma(1+\chi) - (\gamma+\chi)]\}$$

$$= \frac{3}{9}\gamma(\gamma+\chi)[\gamma(\gamma+\chi) + 4\sigma^2(1+\chi) - 4\sigma(\gamma+\chi)]$$

$$= \frac{12}{9}\gamma(\gamma+\chi)\left[\sigma^2(1+\chi) - \sigma(\gamma+\chi) + \frac{\gamma(\gamma+\chi)}{4}\right]$$

考虑大括号里面，要分解因式，先解决如果大括号里面的项等于零的话，它的根是多少的问题，即先求解：

$$\sigma^2(1+\chi) - \sigma(\gamma+\chi) + \frac{\gamma(\gamma+\chi)}{4} = 0$$

它的根可表示为：

$$\sigma_1 = \frac{\gamma+\chi - \sqrt{(\gamma+\chi)^2 - \gamma(\gamma+\chi)(1+\chi)}}{2(1+\chi)}$$

$$= \frac{\gamma+\chi}{2(1+\chi)} - \frac{(\gamma+\chi)\sqrt{1 - \frac{\gamma(1+\chi)}{\gamma+\chi}}}{2(1+\chi)}$$

$$\sigma_2 = \frac{\gamma+\chi + \sqrt{(\gamma+\chi)^2 - \gamma(\gamma+\chi)(1+\chi)}}{2(1+\chi)}$$

$$= \frac{\gamma+\chi}{2(1+\chi)} + \frac{(\gamma+\chi)\sqrt{1 - \frac{\gamma(1+\chi)}{\gamma+\chi}}}{2(1+\chi)}$$

因此，大括号里的项可根据根的表示而分解因式如下：

$$\sigma^2(1+\chi) - \sigma(\gamma+\chi) + \frac{\gamma(\gamma+\chi)}{4}$$

$$= \left[\sigma - \frac{\gamma+\chi}{2(1+\chi)} + \frac{(\gamma+\chi)\sqrt{1 - \frac{\gamma(1+\chi)}{\gamma+\chi}}}{2(1+\chi)}\right]$$

$$\left[\sigma - \frac{\gamma+\chi}{2(1+\chi)} - \frac{(\gamma+\chi)\sqrt{1-\frac{\gamma(1+\chi)}{\gamma+\chi}}}{2(1+\chi)}\right]$$

当两个括号内的项的符号相同时乘积为正，符号相反时乘积为负。那么，若要大括号内的项为正，需要或者两个乘积项都是负的，即

$$\sigma < \frac{\gamma+\chi}{2(1+\chi)} - \frac{(\gamma+\chi)\sqrt{1-\frac{\gamma(1+\chi)}{\gamma+\chi}}}{2(1+\chi)}$$

而这时，$\sigma < \frac{\gamma+\chi}{2(1+\chi)} + \frac{(\gamma+\chi)\sqrt{1-\frac{\gamma(1+\chi)}{\gamma+\chi}}}{2(1+\chi)}$ 必成立。或者两个乘积项都是正的，即

$$\sigma > \frac{\gamma+\chi}{2(1+\chi)} + \frac{(\gamma+\chi)\sqrt{1-\frac{\gamma(1+\chi)}{\gamma+\chi}}}{2(1+\chi)}$$

也就是说，σ 或者小于最小的，两者都为负，或者大于最大的，两个括号都为正。

下面就要看这些条件在所考虑的区间里是否成立。也就是 $\frac{\gamma+\chi}{2(1+\chi)} - \frac{(\gamma+\chi)\sqrt{1-\frac{\gamma(1+\chi)}{\gamma+\chi}}}{2(1+\chi)}$ 是否比 $\frac{\gamma+\chi}{3-(\gamma+\chi)}$ 要大。

为此，考虑：

$$\frac{\gamma+\chi}{2(1+\chi)} - \frac{(\gamma+\chi)\sqrt{1-\frac{\gamma(1+\chi)}{\gamma+\chi}}}{2(1+\chi)} - \frac{\gamma+\chi}{3-(\gamma+\chi)}$$

$$= \frac{(\gamma+\chi)[3-(\gamma+\chi)-2(1+\chi)]}{2(1+\chi)[3-(\gamma+\chi)]} + \frac{(\gamma+\chi)\sqrt{1-\frac{\gamma(1+\chi)}{\gamma+\chi}}}{2(1+\chi)}$$

$$= \frac{(\gamma+\chi)}{2(1+\chi)}\left[\frac{1-\gamma-3\chi}{3-(\gamma+\chi)} + \sqrt{1-\frac{\gamma(1+\chi)}{\gamma+\chi}}\right]$$

接下来考虑中括号里的项。

若 $1-\gamma-3\chi > 0$,则上式大于 0。若 $1-\gamma-3\chi < 0$,则有:

$$1 - \frac{\gamma(1+\chi)}{\gamma+\chi} - \frac{[1-\gamma-3\chi]^2}{[3-(\gamma+\chi)]^2}$$

$$= \frac{\chi(1-\gamma)}{\gamma+\chi} - \frac{[1-\gamma-3\chi]^2}{[3-(\gamma+\chi)]^2}$$

$$= \frac{1}{[3-(\gamma+\chi)]^2(\gamma+\chi)}\{\chi(1-\gamma)[3-(\gamma+\chi)]^2 - (\gamma+\chi)[1-\gamma-3\chi]^2\}$$

$$= \frac{1}{(\gamma+\chi)[3-(\gamma+\chi)]^2}\{\chi(1-\gamma)[9-6(\gamma+\chi) + (\gamma+\chi)^2] - (\gamma+\chi)[(1-\gamma)^2 - 6\chi(1-\gamma) + 9\chi^2]\}$$

$$= \frac{1}{(\gamma+\chi)[3-(\gamma+\chi)]^2}\{9\chi(1-\gamma) + \chi(1-\gamma)(\gamma+\chi)^2 - (\gamma+\chi)(1-\gamma)^2 - 9\chi^2(\gamma+\chi)\}$$

$$= \frac{1}{(\gamma+\chi)[3-(\gamma+\chi)]^2}\{9\chi[1-\gamma-\chi(\gamma+\chi)] + (1-\gamma)(\gamma+\chi)[\chi(\gamma+\chi) - (1-\gamma)]\}$$

$$= \frac{1}{(\gamma+\chi)[3-(\gamma+\chi)]^2}\{[1-\gamma-\chi(\gamma+\chi)][9\chi - (1-\gamma)(\gamma+\chi)]\}$$

$$= \frac{1}{(\gamma+\chi)[3-(\gamma+\chi)]^2}\{[1-\gamma-\chi(\gamma+\chi)][8\chi - \gamma(1-\gamma) + \gamma\chi]\}$$

因为 $\gamma+\chi(\gamma+\chi) < \gamma+\chi < 1$,因而第一个中括号的值是

正的，当 $8\chi - \gamma(1-\gamma) > 0$，即 $\chi > \dfrac{\gamma(1-\gamma)}{8}$ 时，有：

$$1 - \frac{\gamma(1-\gamma)}{\gamma+\chi} - \frac{[1-\gamma-3\chi]^2}{[3-(\gamma+\chi)]^2} > 0$$

即

$$\frac{\gamma+\chi}{2(1+\chi)} - \frac{(\gamma+\chi)\sqrt{1-\dfrac{\gamma(1+\chi)}{\gamma+\chi}}}{2(1+\chi)} - \frac{\gamma+\chi}{3-(\gamma+\chi)} > 0$$

上式也就是说，$\dfrac{\gamma+\chi}{2(1+\chi)} - \dfrac{(\gamma+\chi)\sqrt{1-\dfrac{\gamma(1+\chi)}{\gamma+\chi}}}{2(1+\chi)}$ 确实比 $\dfrac{\gamma+\chi}{3-(\gamma+\chi)}$ 要大。

由于

$$\sigma < \frac{\gamma+\chi}{3-(\gamma+\chi)}$$

所以，下式成立：

$$\sigma < \frac{\gamma+\chi}{2(1+\chi)} - \frac{(\gamma+\chi)\sqrt{1-\dfrac{\gamma(1+\chi)}{\gamma+\chi}}}{2(1+\chi)}$$

因而，

$$\sigma^2(1+\chi) - \sigma(\gamma+\chi) + \frac{\gamma(\gamma+\chi)}{4} > 0$$

$$0 = F(1) > F(g^{01})$$

由上述公式可知，存在 (C_t^0, H_t^0)，使得 $\psi\left(\dfrac{X_{t-1}}{C_t^0}\right)^{1-\gamma}$ $H_t^{01+\chi} = g_0$，此时有：

$$\frac{\partial^2 u_t}{\partial C_t^2}\frac{\partial^2 u_t}{\partial H_t^2} - \left(\frac{\partial^2 u_t}{\partial H_t \partial C_t}\right)^2 < 0$$

又由于 $\frac{\partial^2 u_t}{\partial C_t^2}\frac{\partial^2 u_t}{\partial H_t^2} - \left(\frac{\partial^2 u_t}{\partial H_t \partial C_t}\right)^2$ 是连续的，存在 (C_t^0, H_t^0) 的一个邻域 $\delta(C_t^0, H_t^0)$ 使得在这个邻域上都有：

$$\frac{\partial^2 u_t}{\partial C_t^2}\frac{\partial^2 u_t}{\partial H_t^2} - \left(\frac{\partial^2 u_t}{\partial H_t \partial C_t}\right)^2 < 0$$

因此，u_t 关于 (C_t, H_t) 不是凹的。

其次研究 $\sigma \in \left(\frac{\gamma+\chi}{3-(\gamma+\chi)}, \frac{2(\gamma+\chi)}{3+(\gamma+\chi)}\right]$ 的情况。

先考虑开区间的情况，然后再考虑右端点的情况。

在开区间情况下，$2k_2 + 3k_3 < 0$，$k_2 + 3k_3 < 0$，$k_2 \geqslant 0$，$k_3 < 0$，即

$$F''(0) = 2k_2 > 0$$
$$F''(1) = 2(k_2 + 3k_3) < 0$$

由于 $F''(g)$ 具有连续性，存在 $0 < g_0 = -\frac{k_2}{3k_3} < 1$ 使得 $F''(g_0) = 0$。

与上面的情况相同，在 $(0, g_0)$ 上有 $F''(g) > 0$，而在 $(g_0, 1)$ 上有 $F''(g) < 0$。

由于 $2k_2 + 3k_3 < 0$，k_1 不一定是负的，所以分两种情况考虑：① $k_1 > 0$；② $k_1 \leqslant 0$。

（1）$k_1 > 0$。当 $k_1 > 0$ 时，有：

$$F'(0) = k_1 > 0$$

由于 $F'(1) < 0$，及 $F'(g)$ 具有连续性，一定有零点在

$(0,1)$ 中。因为 $g^{01} < g_0$，及 $F''(0) > 0$，所以 $F''(g^{01}) > 0$，那么，g^{01} 是极小值点。但是，在 g^{01} 左侧，由于 $F'(0) > 0$，应有 $F'(g) > 0$，$F(g)$ 是递增的，与 $F(g^{01})$ 是极小值矛盾。因而，$k_1 > 0$ 不成立。

（2）$k_1 \leqslant 0$。在这种情况下，有：

$$F'(0) = k_1 \leqslant 0$$

$F'(g)$ 或者一直是负的，或者在 $(0,1)$ 中存在零点。存在零点的话，g^{01} 是极小值点。

计算：

$$\begin{aligned}F'(g_0) &= 3k_3 g_0^2 + 2k_2 g_0 + k_1 \\&= 3k_3 g_0^2 - 2k_2 \frac{k_2}{3k_3} + k_1 \\&= \frac{k_2^2}{3k_3} - \frac{2k_2^2}{3k_3} + k_1 \\&= -\frac{k_2^2 - 3k_1 k_3}{3k_3} > 0\end{aligned}$$

由于 $F'(1) < 0$，在 $(g_0, 1)$ 中有极大值点 g^{02}，也就是说，必有 $g^{02} < 1$。接下来比较极小值 $F(g^{01})$ 与 $F(1)$ 的大小。计算：

$$\begin{aligned}&\frac{4}{9}(k_2^2 - 3k_1 k_3) - \left(\frac{k_2}{3} + k_3\right)^2 \\&= \frac{3}{9} \gamma(\gamma + \chi)[\gamma(\gamma + \chi) + 4\sigma^2(1 + \chi) - 4\sigma(\gamma + \chi)] \\&= \frac{12}{9} \gamma(\gamma + \chi)\left[\frac{\gamma(\gamma + \chi)}{4} + \sigma^2(1 + \chi) - \sigma(\gamma + \chi)\right]\end{aligned}$$

由前面的计算，$\sigma < \frac{\gamma + \chi}{2(1 + \chi)} - \frac{(\gamma + \chi)}{2(1 + \chi)} \sqrt{1 - \frac{\gamma(1 + \chi)}{\gamma + \chi}}$ 在

此区间的一部分会成立。现在考虑 $\sigma > \dfrac{\gamma+\chi}{2(1+\chi)} + \dfrac{(\gamma+\chi)}{2(1+\chi)}$

$\sqrt{1-\dfrac{\gamma(1+\chi)}{\gamma+\chi}}$ 是否成立。计算：

$$\dfrac{\gamma+\chi}{2(1+\chi)} + \dfrac{(\gamma+\chi)}{2(1+\chi)}\sqrt{\dfrac{\chi(1-\gamma)}{\gamma+\chi}} - \dfrac{2(\gamma+\chi)}{3+\gamma+\chi}$$

$$= \dfrac{(\gamma+\chi)}{2(1+\chi)(3+\gamma+\chi)}(3+\gamma+\chi-4-4\chi) + \dfrac{(\gamma+\chi)}{2(1+\chi)}\sqrt{\dfrac{\chi(1-\gamma)}{\gamma+\chi}}$$

$$= \dfrac{(\gamma+\chi)}{2(1+\chi)(3+\gamma+\chi)}(-1+\gamma+3\chi) + \dfrac{(\gamma+\chi)}{2(1+\chi)}\sqrt{\dfrac{\chi(1-\gamma)}{\gamma+\chi}}$$

$$= \dfrac{(\gamma+\chi)}{2(1+\chi)}\left[\dfrac{-1+\gamma-3\chi}{3+\gamma+\chi} + \sqrt{\dfrac{\chi(1-\gamma)}{\gamma+\chi}}\right]$$

现在要证明下式成立：

$$\sqrt{\dfrac{\chi(1-\gamma)}{\gamma+\chi}} - \dfrac{1+3\chi-\gamma}{3+\gamma+\chi} > 0$$

即证明：

$$\dfrac{\chi(1-\gamma)}{\gamma+\chi} - \dfrac{(1+3\chi-\gamma)^2}{(3+\gamma+\chi)^2} > 0$$

计算：

$$\dfrac{\chi(1-\gamma)}{\gamma+\chi} - \dfrac{(1+3\chi-\gamma)^2}{(3+\gamma+\chi)^2}$$

$$= \dfrac{1}{(\gamma+\chi)(3+\gamma+\chi)^2}[\chi(1-\gamma)(3+\gamma+\chi)^2$$

$$- (\gamma+\chi)(1+3\chi-\gamma)^2]$$

只需看中括号内各项的正负：

$$\chi(1-\gamma)(3+\gamma+\chi)^2 - (\gamma+\chi)(1+3\chi-\gamma)^2$$

$$= 9\chi(1-\gamma) + 6(\gamma+\chi)\chi(1-\gamma) + \chi(1-\gamma)(\gamma+\chi)^2$$
$$- (\gamma+\chi)(1-\gamma)^2 - 9\chi^2(\gamma+\chi) - 6\chi(1-\gamma)(\gamma+\chi)$$
$$= 9\chi(1-\gamma) + \chi(1-\gamma)(\gamma+\chi)^2 - (\gamma+\chi)(1-\gamma)^2 - 9\chi^2(\gamma+\chi)$$
$$= 9\chi[1-\gamma-\chi(\gamma+\chi)] - (1-\gamma)(\gamma+\chi)[1-\gamma-\chi(\gamma+\chi)]$$
$$= [1-\gamma-\chi(\gamma+\chi)][9\chi-(1-\gamma)(\gamma+\chi)]$$
$$= [1-\gamma-\chi(\gamma+\chi)][8\chi-\gamma(1-\gamma)+\gamma\chi]$$

与上一种情况相同,当 $\chi > \dfrac{\gamma(1-\gamma)}{8}$ 时,上式大于零。

所以,

$$\frac{\gamma+\chi}{2(1+\chi)} + \frac{(\gamma+\chi)}{2(1+\chi)}\sqrt{\frac{\chi(1-\gamma)}{\gamma+\chi}} > \frac{2(\gamma+\chi)}{3+\gamma+\chi}$$

而在此区间内都有:

$$\sigma < \frac{2(\gamma+\chi)}{3+\gamma+\chi}$$

因而,如下不等式不成立:

$$\sigma > \frac{\gamma+\chi}{2(1+\chi)} + \frac{(\gamma+\chi)}{2(1+\chi)}\sqrt{\frac{\chi(1-\gamma)}{\gamma+\chi}}$$

再考虑

$$\frac{2(\gamma+\chi)}{3+\gamma+\chi} - \frac{\gamma+\chi}{2(1+\chi)} + \frac{(\gamma+\chi)}{2(1+\chi)}\sqrt{\frac{\chi(1-\gamma)}{\gamma+\chi}}$$
$$= \frac{(\gamma+\chi)}{2(1+\chi)}\left[\frac{1-\gamma+3\chi}{3+\gamma+\chi} + \sqrt{\frac{\chi(1-\gamma)}{\gamma+\chi}}\right] > 0$$

因而,下列不等式成立:

$$\frac{\gamma+\chi}{2(1+\chi)} - \frac{(\gamma+\chi)}{2(1+\chi)}\sqrt{\frac{\chi(1-\gamma)}{\gamma+\chi}} < \frac{2(\gamma+\chi)}{3+\gamma+\chi}$$

又由前面所证，可知：

$$\frac{\gamma+\chi}{2(1+\chi)} - \frac{(\gamma+\chi)}{2(1+\chi)}\sqrt{\frac{\chi(1-\gamma)}{\gamma+\chi}} > \frac{\gamma+\chi}{3-(\gamma+\chi)}$$

因而，当 $\dfrac{\gamma+\chi}{3-(\gamma+\chi)} < \sigma < \dfrac{\gamma+\chi}{2(1+\chi)} - \dfrac{(\gamma+\chi)}{2(1+\chi)}\sqrt{\dfrac{\chi(1-\gamma)}{\gamma+\chi}}$ 时，有：

$$\frac{\gamma(\gamma+\chi)}{4} + \sigma^2(1+\chi) - \sigma(\gamma+\chi) > 0$$

即

$$0 = F(1) > F(g^{01})$$

如前文证明，存在 (C_t^0, H_t^0)，使得 $\psi\left(\dfrac{X_{t-1}}{C_t^0}\right)^{1-\gamma} H_t^{0\,1+\chi} = g_0$，此时有：

$$\frac{\partial^2 u_t}{\partial C_t^2}\frac{\partial^2 u_t}{\partial H_t^2} - \left(\frac{\partial^2 u_t}{\partial H_t \partial C_t}\right)^2 < 0$$

又由于 $\dfrac{\partial^2 u_t}{\partial C_t^2}\dfrac{\partial^2 u_t}{\partial H_t^2} - \left(\dfrac{\partial^2 u_t}{\partial H_t \partial C_t}\right)^2$ 是连续的，存在 (C_t^0, H_t^0) 的一个邻域 $\delta(C_t^0, H_t^0)$ 使得在这个邻域上都有：

$$\frac{\partial^2 u_t}{\partial C_t^2}\frac{\partial^2 u_t}{\partial H_t^2} - \left(\frac{\partial^2 u_t}{\partial H_t \partial C_t}\right)^2 < 0$$

因此，u_t 关于 (C_t, H_t) 不是凹的。

考虑另一种情况，如果 $F'(g)$ 一直是负的，则 1 是最小值点。$F(g) \geq 0$，$\dfrac{\partial^2 u_t}{\partial C_t^2}\dfrac{\partial^2 u_t}{\partial H_t^2} - \left(\dfrac{\partial^2 u_t}{\partial H_t \partial C_t}\right)^2 \geq 0$ 成立，即 u_t 关

于 (C_t, H_t) 是凹的。

最后,考虑 $\sigma = \dfrac{2(\gamma+\chi)}{3+(\gamma+\chi)}$ 的情况,这时 $g_0 = 0$。在 $(0, 1)$ 上,$F'''(g) < 0$。由于 $2k_2 + 3k_3 < 0$,k_1 不一定是负的,所以分两种情况考虑:① $k_1 > 0$,② $k_1 \leq 0$。

(1) $K_1 > 0$。当 $K_1 > 0$ 时,有:

$$F'(0) = k_1 > 0$$

由于 $F'(1) < 0$,及 $F'(g)$ 具有连续性,一定有零点在 $(0, 1)$ 中。因为在 $(0, 1)$ 上都有 $F''(g) < 0$,因而 $(0, 1)$ 上的极值是极大值,因为 $F(g)$ 在 $[0, 1]$ 上是连续的,一定会取到最小值,所以最小值一定在 0 或 1 上取得。因为

$$F(0) = \sigma\chi > F(1) = 0$$

所以最小值为 0。

(2) $k_1 \leq 0$。当 $k_1 \leq 0$ 时,有:

$$F'(0) < 0$$

由于 $F''(g) < 0$,对于任意 $g \in (0, 1)$,$F'(g)$ 递减,由 $F'(0) < 0$,得到:

$$F'(g) < 0$$

上式对任意 $g \in [0, 1]$ 成立。因此,$F(g)$ 在 $[0, 1]$ 上递减,因而,$F(1) = 0$ 是 $F(g)$ 的最小值。

再次研究 $\sigma \in \left(\dfrac{2(\gamma+\chi)}{3+(\gamma+\chi)}, \dfrac{\gamma+\chi}{1+\gamma+\chi}\right]$ 的情况。

先考虑开区间的情况,在后面再分析右端点的情况。

这时,$2k_2 + 3k_3 < 0$,$k_2 < 0$,$k_3 < 0$。因此,

$$F''(0) = 2k_2 < 0$$

$$F''(1) = 2(k_2 + 3k_3) < 0$$

分两种情况考虑：①$k_1 > 0$，②$k_1 \leqslant 0$。

(1) $k_1 > 0$。这时，有：

$$F'(0) > 0$$

$$F'(1) > 0$$

在 (0, 1) 中一定存在 $F'(g)$ 的零点。由于

$$F''(g) = 6k_3 g + 2k_2 < 0$$

所以 $F'(g)$ 一直是递减的。而 $\dfrac{-k_2}{3k_3} < 0$，根号内的值大于 1，所以只有 $g^{01} = \dfrac{-k_2}{3k_3}\left[1 - \sqrt{1 - \dfrac{3k_1 k_3}{k_2}}\right]$ 时，其才是正的。然而 g^{01} 是极大值点，因为 $F'(0) > 0$，所以在 $[0, g^{01})$ 都有：

$$F'(g) > 0$$

所以 $F(g^{01})$ 是 $F(g)$ 的极大值。因为在 (0, 1) 中只有这一个极值点，所以最小值只能在 0 处或者 1 处取得，因为

$$F(0) = \sigma \chi > F(1) = 0$$

所以只可能 $F(1) = 0$ 是最小值。因而，有：

$$\frac{\partial^2 u_t}{\partial C_t^2} \frac{\partial^2 u_t}{\partial H_t^2} - \left(\frac{\partial^2 u_t}{\partial H_t \partial C_t}\right) \geqslant 0$$

上式对任意 (C_t, H_t) 都成立，因此，u_t 关于 (C_t, H_t) 是凹的。

(2) $k_1 \leqslant 0$。这时，$F'(0) \leqslant 0$。

因为 $k_2 < 0$，$k_3 < 0$，$k_1 < 0$，所以

$$F'(g) = 3k_3 g^2 + 2k_2 g + k_1 < 0$$

因而 1 是最小值点。

当 $\sigma = \dfrac{\gamma + \chi}{1 + (\gamma + \chi)}$ 时，$k_3 = 0$。若 $k_1 > 0$，则有：

$$F'(0) = k_1 > 0$$

由于 $F'(1) < 0$，$F'(g) = 2k_2 g + k_1$，所以存在 $g^{01} = -\dfrac{k_1}{2k_2} \in (0, 1)$，使得 $F'(g^{01}) = 0$。

而由于

$$F''(g) < 0$$

所以 g^{01} 是极大值点。由于 $F(g)$ 在 $[0, 1]$ 上是连续的，所以一定在 $[0, 1]$ 上取到最小值。所以最小值只能在区间的端点上取到。由于 $F(0) = \sigma \chi > F(1) = 0$，所以 $F(g)$ 的最大值为 0。

当 $k_1 \leq 0$ 时，$F'(0) \leq 0$。又由于 $F'(g) = 2k_2 g + k_1 < 0$，$F(g)$ 在 $(0, 1)$ 递减，因此在 $g = 1$ 处取得最小值 0。

最后研究 $\sigma \in \left(\dfrac{\gamma + \chi}{1 + \gamma + \chi}, \dfrac{1}{2} \right)$ 的情况。

这时，$k_3 > 0$，$k_2 < 0$，$k_2 + 3k_3 < 0$，$2k_2 + 3k_3 < 0$。由 $k_2 + 3k_3 < 0$，得到 $k_2 < -3k_3$，即 $\dfrac{-k_2}{3k_3} > 1$。又由于 $F''(0) = 2k_2 < 0$，及 $F''(1) = 2(k_2 + 3k_3) < 0$，因而，在 $[0, 1]$ 中只有 $F''(g) < 0$。那么一阶导数在 $[0, 1]$ 中递减。下面考虑两种情况：①$k_1 > 0$，②$k_1 \leq 0$。

(1) $k_1 > 0$。在这种情况下，$F'(0) > 0$，$F'(1) < 0$，所以中间有一点 g^{01} 使 $F'(g^{01}) = 0$。由于在 $[0, 1]$ 上 $F''(g) < 0$，所以 g^{01} 是极大值点。所以 1 是 $F(g)$ 的最小值点。

(2) $k_1 \leq 0$。在这种情况下，$F'(0) \leq 0$，$F'(1) < 0$。在 $[0,1]$ 中 $F''(g) < 0$，所以 $F'(g)$ 递减，在 $[0,1]$ 中没有零点。因而，1 是最小值点。

在这两种情况下，都有 $F(g) \geq 0$，即

$$\frac{\partial^2 u_t}{\partial C_t^2}\frac{\partial^2 u_t}{\partial H_t^2} - \left(\frac{\partial^2 u_t}{\partial H_t \partial C_t}\right)^2 \geq 0$$

上式对任意 (C_t, H_t) 都成立，因此，u_t 关于 (C_t, H_t) 是凹的。

我们还需要考虑各个端点的情况。首先考虑当 $g = \dfrac{2(\gamma+\chi)}{3+(\gamma+\chi)}$ 时的情况。

这时有 $2k_2 + 3k_3 < 0$，$k_2 + 3k_3 < 0$，$k_2 = 0$，$k_3 < 0$。也就是

$$F''(0) = 2k_2 = 0$$
$$F''(1) = 2(k_2 + 3k_3) < 0$$

由 $F'(1) = 2k_2 + 3k_3 + k_1 < 0$，得到：

$$3k_3 + k_1 < 0$$

现在考虑端点 $\sigma = \dfrac{1}{2}$ 的情况。这时 $k_2 + 3k_3 = 0$。

即

$$F''(1) = 0$$

此时还应有：

$$k_2 < 0, k_3 > 0$$

因而，

$$F''(0) = 2k_2 < 0$$

由于 $F'''(g) = 2(3k_3 g + k_2) < 2(3k_3 + k_2) = 0, g < 1$，所以，在 $[0,1)$ 中 $F'''(g) < 0$。所以，在 $(0,1)$ 中不存在极小值点。所以最小值只能在端点取得，如前几个情况中所证，$F(1) = 0$ 是 $F(g)$ 的最小值点。因而，

$$\frac{\partial^2 u_t}{\partial C_t^2}\frac{\partial^2 u_t}{\partial H_t^2} - \left(\frac{\partial^2 u_t}{\partial H_t \partial C_t}\right)^2 \geqslant 0$$

上式对任意 (C_t, H_t) 都成立，因此，u_t 关于 (C_t, H_t) 是凹的。Q. E. D.

以上两个引理分析了 $0 \leqslant \sigma \leqslant 1$ 时 $u_t(C_t, H_t)$ 是否为凹函数的问题，分析了所有可能的参数的取值情况。根据以上两个引理，我们得到以下定理。

定理 3-1 设 $\gamma + \chi < 1$。

(1) 当 $\sigma \geqslant \dfrac{2(\gamma + \chi)}{3 + (\gamma + \chi)}$ 时，$u_t(C_t, H_t)$ 是关于 (C_t, H_t) 的凹函数。

(2) 当 $\sigma < \dfrac{\gamma}{\chi}$ 时，$u_t(C_t, H_t)$ 关于 (C_t, H_t) 不是凹的。

Aloso - Carrera、Caballe 和 Raurich（2005）设立了与 JR 模型类似的不可分的效用函数，为了保持 $u_t(C_t, H_t)$ 关于 (C_t, H_t) 是凹函数，他们设 $\sigma > 1$。定理 3-1 在这里指出，实际上，只需设 $\sigma \geqslant \dfrac{2(\gamma + \chi)}{3 + (\gamma + \chi)}$，或为了表示更简单，只需设 $\sigma \geqslant \dfrac{1}{2}$ 就足以保证 $u_t(C_t, H_t)$ 是关于 (C_t, H_t) 的凹函数。

本章除了得到即时效用函数 $u_t(C_t, H_t)$ 是凹函数的条件外，还对所有的参数的区域、$u_t(C_t, H_t)$ 的凹函数性质都进行了最为详尽的分析，这在国际上是没有人做到过的。

第四章

多期间效用函数的凹性

在第三章，我们证明了在参数 σ 的某些区域内，即时效用函数 u_t 是关于 (C_t, H_t) 的凹函数。在这一章中，我们证明当 γ 充分小时，也存在 (C_t, H_t) 的区域使得 t 时刻以后的有限期间里的效用在 (C_t, H_t) 的这些区域里也不是凹的。这里的结果对任意的 σ 值都成立。

考虑类似模型的最优路径是不是唯一的和内部路径的论文都只考虑了即时效用函数是否关于 (C_t, H_t) 是凹函数的问题，那么，存在这样的问题：即时效用函数如果是 (C_t, H_t) 的凹函数就能保证动态最优路径是唯一的内部路径吗？本章就要解决这个问题。要考虑多期间的效用的和（简称为多期间的效用）关于 (C_t, H_t) 是不是凹函数的问题。

为什么要考虑多期间的效用函数的和呢？因为 JR 效用函数不同于其他效用函数和其他可加的效用函数，对后面期间的效用来说，前面期间的消费并不直接影响后面消费的选择，只是对资本库存产生影响，从而影响以后的资本库存。而在 JR 效用函数中，前面各个期间的消费通过 X_{t+i} 直接影响了后面期间的消费的选择。所以，只是考虑即时效用函数的凹的性质是不能保证最优路径的唯一性和内部解的性质的。因而，需要考虑多期间的效用函数关于（C_t，H_t）是否为凹函数的问题。本章证明了多期间的效用函数关于（C_t，H_t）不是凹函数的结论。

首先给出多期间的效用函数 U_t 的定义。

定义多期间效用函数为：

$$U_t = \sum_{i=t}^{T} \beta^i u_i(C_i, H_i)$$

实际上，模型考虑的目标函数为：

$$U = \sum_{t=0}^{\infty} \beta^t u_i(C_t, H_t)$$

而我们在这里考虑目标函数的 t 时刻后的有限期间问题，然后再把它推广到无穷。在这一章中，我们要考虑定义的多期间效用函数 U_t 关于（C_t，H_t）是否为凹函数的问题。我们通过计算 $\dfrac{\partial^2 U_t}{\partial C_t^2}$、$\dfrac{\partial^2 U_t}{\partial H_t^2}$、$\dfrac{\partial^2 U_t}{\partial C_t \partial H_t}$ 和 $\dfrac{\partial^2 U_t}{\partial C_t^2}\dfrac{\partial^2 U_t}{\partial H_t^2} - \left(\dfrac{\partial^2 U_t}{\partial C_t \partial H_t}\right)^2$ 来验证 U_t 的凹性。

首先，计算 $\dfrac{\partial^2 U_t}{\partial C_t^2}$，考虑 $\dfrac{\partial^2 U_t}{\partial C_t^2}$ 是否小于零的问题。

一 多期间效用函数关于 t 期消费的二阶偏导及凹性

对于

$$\dfrac{\partial U_t}{\partial C_t} = \dfrac{\partial u_t}{\partial C_t} + \beta \dfrac{\partial u_{t+1}}{\partial C_t} + \beta^2 \dfrac{\partial u_{t+2}}{\partial C_t} + \cdots + \beta^T \dfrac{\partial u_T}{\partial C_t}$$

我们首先求出上式中的第二项，然后再求出后面的各项。

（一）求 u_{t+1} 对 C_t 的偏导

值得注意的是

$$X_t = C_t^\gamma X_t^{1-\gamma}$$

由于 X_t 中含有 C_t，u_{t+1} 成为 C_t 的函数。

先求出一阶偏导：

$$\frac{\partial u_{t+1}}{\partial C_t} = \frac{\partial}{\partial C_t} \left\{ \frac{C_{t+1}^{1-\sigma}\left[1-\psi\left(\frac{X_t}{C_{t+1}}\right)^{1-\gamma}H_{t+1}^{1+x}\right]^{1-\sigma}}{1-\sigma} \right\}$$

$$= C_{t+1}^{1-\sigma}\left[1-\psi\left(\frac{X_t}{C_{t+1}}\right)^{1-\gamma}H_{t+1}^{1+x}\right]^{-\sigma}\left[-\psi(1-\gamma)X_t^{-\gamma}C_{t+1}^{-(1-\gamma)}H_{t+1}^{1+x}\gamma\frac{X_t}{C_t}\right]$$

$$= C_{t+1}^{1-\sigma}\left[1-\psi\left(\frac{X_t}{C_{t+1}}\right)^{1-\gamma}H_{t+1}^{1+x}\right]^{-\sigma}\left[-\psi\gamma(1-\gamma)\left(\frac{X_t}{C_{t+1}}\right)^{1-\gamma}H_{t+1}^{1+x}\gamma\frac{1}{C_t}\right]$$

而二阶偏导为：

$$\frac{\partial^2 u_{t+1}}{\partial C_t} = C_{t+1}^{1-\sigma}\left[1-\psi\left(\frac{X_t}{C_{t+1}}\right)^{1-\gamma}H_{t+1}^{1+x}\right]^{-\sigma-1}(-\sigma)\left[\psi\gamma(1-\gamma)\left(\frac{X_t}{C_{t+1}}\right)^{1-\gamma}H_{t+1}^{1+x}\frac{1}{C_t}\right]^2$$

$$+ C_{t+1}^{1-\sigma}\left[1-\psi\left(\frac{X_t}{C_{t+1}}\right)^{1-\gamma}H_{t+1}^{1+x}\right]^{-\sigma}\left[-\psi\gamma^2(1-\gamma)^2\left(\frac{X_t}{C_{t+1}}\right)^{1-\gamma}\right.$$

$$\left. H_{t+1}^{1+x}\frac{1}{C_t} + \psi\gamma(1-\gamma)\left(\frac{X_t}{C_{t+1}}\right)^{1-\gamma}H_{t+1}^{1+x}\frac{1}{C_t^2}\right]$$

$$= C_{t+1}^{1-\sigma}\left[1-\psi\left(\frac{X_t}{C_{t+1}}\right)^{1-\gamma}H_{t+1}^{1+x}\right]^{-\sigma-1}(-\sigma)\left[\psi\gamma(1-\gamma)\left(\frac{X_t}{C_{t+1}}\right)^{1-\gamma}H_{t+1}^{1+x}\frac{1}{C_t}\right]^2$$

$$+ C_{t+1}^{1-\sigma}\left[1-\psi\left(\frac{X_t}{C_{t+1}}\right)^{1-\gamma}H_{t+1}^{1+x}\right]^{-\sigma}\psi\gamma(1-\gamma)\left(\frac{X_t}{C_{t+1}}\right)^{1-\gamma}H_{t+1}^{1+x}\frac{1}{C_t^2}[1-\gamma(1-\gamma)]$$

$$= C_{t+1}^{1-\sigma}\left[1-\psi\left(\frac{X_t}{C_{t+1}}\right)^{1-\gamma}H_{t+1}^{1+x}\right]^{-\sigma-1}\psi\gamma(1-\gamma)\left(\frac{X_t}{C_{t+1}}\right)^{1-\gamma}$$

$$H_{t+1}^{1+\chi}\frac{1}{C_t^2}\left\{-\sigma\gamma(1-\gamma)\psi\left(\frac{X_t}{C_{t+1}}\right)^{1-\gamma}H_{t+1}^{1+\chi}\right.$$

$$\left.+\left[1-\gamma(1-\gamma)\right]\left[1-\psi\left(\frac{X_t}{C_{t+1}}\right)^{1-\gamma}H_{t+1}^{1+\chi}\right]\right\}$$

$$=C_{t+1}^{1-\sigma}\left[1-\psi\left(\frac{X_t}{C_{t+1}}\right)^{1-\gamma}H_{t+1}^{1+\chi}\right]^{-\sigma-1}\psi\gamma(1-\gamma)\left(\frac{X_t}{C_{t+1}}\right)^{1-\gamma}H_{t+1}^{1+\chi}\frac{1}{C_t^2}$$

$$\left\{1-\gamma(1-\gamma)-\left[1-\gamma(1-\gamma)+\sigma\gamma(1-\gamma)\right]\psi\left(\frac{X_t}{C_{t+1}}\right)^{1-\gamma}H_{t+1}^{1-\chi}\right\}$$

$$=C_{t+1}^{1-\sigma}\left[1-\psi\left(\frac{X_t}{C_{t+1}}\right)^{1-\gamma}H_{t+1}^{1+\chi}\right]^{-\sigma-1}\psi\gamma(1-\gamma)\left(\frac{X_t}{C_{t+1}}\right)^{1-\gamma}H_{t+1}^{1+\chi}\frac{1}{C_t^2}$$

$$\left\{1-\gamma(1-\gamma)-\left[1-(1-\sigma)\gamma(1-\gamma)\right]\psi\left(\frac{X_t}{C_{t+1}}\right)^{1-\gamma}H_{t+1}^{1-\chi}\right\}$$

第二个等式是合并同类项的结果，经过整理，得到第三个等式，第四个等式是提取公因式的结果，经过整理得到最后一个等式。

因为大括号前的所有项都是正的，所以二阶偏导的正负要看后面的大括号中三项和的符号，即 $\left\{1-\gamma(1-\gamma)-\left[1-(1-\sigma)\gamma(1-\gamma)\right]\psi\left(\frac{X_t}{C_{t+1}}\right)^{1-\gamma}H_{t+1}^{1-\chi}\right\}$ 的符号。

$$\psi\left(\frac{X_t}{C_{t+1}}\right)^{1-\gamma}H_{t+1}^{1-\chi}<\frac{1-\gamma(1-\gamma)}{1-(1-\sigma)\gamma(1-\gamma)} \quad (4-1)$$

式（4-1）成立时，有 $\frac{\partial^2 u_{t+1}}{\partial C_1^2}>0$。

需要验证如下不等式是否成立：

$$0<\frac{1-\gamma(1-\gamma)}{1-(1-\sigma)\gamma(1-\gamma)}<1 \quad (4-2)$$

因为只有当式（4-2）成立时，式（4-1）才有意义。

因为

$$\frac{1-\gamma(1-\gamma)}{1-(1-\sigma)\gamma(1-\gamma)}$$

$$=\frac{1-(1-\sigma)\gamma(1-\gamma)-\gamma(1-\gamma)+(1-\sigma)\gamma(1-\gamma)}{1-(1-\sigma)\gamma(1-\gamma)}$$

$$=1-\frac{\gamma(1-\gamma)[1-(1-\sigma)]}{1-(1-\sigma)\gamma(1-\gamma)}$$

$$=1-\frac{\sigma\gamma(1-\gamma)}{1-(1-\sigma)\gamma(1-\gamma)}$$

现在证明如下不等式成立：

$$0<\frac{\sigma\gamma(1-\gamma)}{1-(1-\sigma)\gamma(1-\gamma)}<1$$

计算：

$$1-(1-\sigma)\gamma(1-\gamma)-\sigma\gamma(1-\gamma)$$
$$=1-\gamma(1-\gamma)+\sigma\gamma(1-\gamma)-\sigma\gamma(1-\gamma)$$
$$=1-\gamma(1-\gamma)>0$$

明显上述不等式的分子分母都是正的，因而分式是大于零的，又由上面的计算可知分母大于分子，所以

$$\frac{\sigma\gamma(1-\gamma)}{1-(1-\sigma)\gamma(1-\gamma)}<1$$

这样，可得下式成立：

$$0<1-\frac{\sigma\gamma(1-\gamma)}{1-(1-\sigma)\gamma(1-\gamma)}<1$$

因而，可以找到 (C_{t+1}, H_{t+1}) 的一个取值范围，在 (C_{t+1}, H_{t+1}) 的这一区域里，有：

$$\psi\left(\frac{X_t}{C_{t+1}}\right)^{1-\gamma} H_{t+1}^{1+\chi} < \frac{1-\gamma(1-\gamma)}{1-(1-\sigma)\gamma(1-\gamma)}$$

由上面的计算，得到：

$$\frac{\partial^2 u_{t+1}}{\partial C_t^2} > 0$$

为了更好地看出一般规律，再计算 $\frac{\partial^2 u_{t+2}}{\partial C_t^2}$。

注意，u_{t+2} 是 C_t 的函数，是因为

$$X_{t+1} = C_{t+1}^\gamma X_t^{1-\gamma}$$
$$= C_{t+1}^\gamma C_t^{\gamma(1-\gamma)} X_t^{(1-\gamma)^2}$$

先求 u_{t+2} 关于 C_t 的偏导：

$$\frac{\partial u_{t+2}}{\partial C_t} = \frac{\partial}{\partial C_t}\left\{\frac{C_{t+2}^{1-\sigma}\left[1-\psi\left(\frac{X_{t+1}}{C_{t+2}}\right)^{1-\gamma} H_{t+2}^{1+\chi}\right]^{1-\sigma}}{1-\sigma}\right\}$$

$$= C_{t+2}^{1-\sigma}\left[1-\psi\left(\frac{X_{t+1}}{C_{t+2}}\right)^{1-\gamma} H_{t+2}^{1+\chi}\right]$$

$$\left[-\psi(1-\gamma) X_{t+1}^{-\gamma} C_{t+2}^{-(1-\gamma)} H_{t+2}^{1+\chi} \gamma(1-\gamma)\frac{X_{t+1}}{C_t}\right]$$

$$= C_{t+2}^{1-\sigma}\left[1-\psi\left(\frac{X_{t+1}}{C_{t+2}}\right)^{1-\gamma} H_{t+2}^{1+\chi}\right]$$

$$\left[-\psi\gamma(1-\gamma)^2\left(\frac{X_{t+1}}{C_{t+2}}\right)^{1-\gamma} H_{t+2}^{1+\chi}\frac{1}{C_t}\right]$$

接着求 u_{t+2} 关于 C_t 的二阶偏导：

$$\frac{\partial^2 u_{t+2}}{\partial C_t^2} = C_{t+2}^{1-\sigma}\left[1-\psi\left(\frac{X_{t+1}}{C_{t+2}}\right)^{1-\gamma} H_{t+2}^{1+\chi}\right]^{-\sigma-1}(-\sigma)\left[\gamma(1-\gamma)^2\psi\left(\frac{X_{t+1}}{C_{t+2}}\right)^{1-\gamma} H_{t+2}^{1+\chi}\frac{1}{C_t}\right]^2$$

$$+ C_{t+2}^{1-\sigma} \left[1 - \psi \left(\frac{X_{t+1}}{C_{t+2}} \right)^{1-\gamma} H_{t+2}^{1+\chi} \right]^{-\sigma} \left[-\gamma^2 (1-\gamma)^4 \psi \left(\frac{X_{t+1}}{C_{t+2}} \right)^{1-\gamma} H_{t+2}^{1+\chi} \frac{1}{C_t^2} \right.$$

$$\left. + \gamma (1-\gamma)^2 \psi \left(\frac{X_{t+1}}{C_{t+2}} \right)^{1-\gamma} H_{t+2}^{1+\chi} \frac{1}{C_t^2} \right] \frac{\partial^2 u_{t+2}}{\partial C_t^2}$$

$$= C_{t+2}^{1-\sigma} \left[1 - \psi \left(\frac{X_{t+1}}{C_{t+2}} \right)^{1-\gamma} H_{t+2}^{1+\chi} \right]^{-\sigma-1} (-\sigma) \left[\gamma (1-\gamma)^2 \psi \left(\frac{X_{t+1}}{C_{t+2}} \right)^{1-\gamma} H_{t+2}^{1+\chi} \frac{1}{C_t} \right]^2$$

$$+ C_{t+2}^{1-\sigma} \left[1 - \psi \left(\frac{X_{t+1}}{C_{t+2}} \right)^{1-\gamma} H_{t+2}^{1+\chi} \right]^{-\sigma} \gamma (1-\gamma)^2 \psi \left(\frac{X_{t+1}}{C_{t+2}} \right)^{1-\gamma} H_{t+2}^{1+\chi} \frac{1}{C_t^2} [1 - \gamma(1-\gamma)^2]$$

接着提取公因式，合并同类项，上式变为：

$$C_{t+2}^{1-\sigma} \left[1 - \psi \left(\frac{X_{t+1}}{C_{t+2}} \right)^{1-\gamma} H_{t+2}^{1+\chi} \right]^{-\sigma-1} \gamma (1-\gamma)^2 \psi \left(\frac{X_{t+1}}{C_{t+2}} \right)^{1-\gamma}$$

$$H_{t+2}^{1+\chi} \frac{1}{C_t^2} \left\{ -\sigma \gamma (1-\gamma)^2 \psi \left(\frac{X_{t+1}}{C_{t+2}} \right)^{1-\gamma} H_{t+2}^{1+\chi} \right.$$

$$\left. + [1 - \gamma(1-\gamma)^2] \left[1 - \psi \left(\frac{X_{t+1}}{C_{t+2}} \right)^{1-\gamma} H_{t+2}^{1+\chi} \right] \right\}$$

进一步展开乘积并合并同类项，得到：

$$C_{t+2}^{1-\sigma} \left[1 - \psi \left(\frac{X_{t+1}}{C_{t+2}} \right)^{1-\gamma} H_{t+2}^{1+\chi} \right]^{-\sigma-1} \gamma (1-\gamma)^2 \psi \left(\frac{X_{t+1}}{C_{t+2}} \right)^{1-\gamma} H_{t+2}^{1+\chi} \frac{1}{C_t^2}$$

$$\left\{ 1 - \gamma(1-\gamma)^2 + [-1 + \gamma(1-\gamma)^2 - \sigma\gamma(1-\gamma)^2] \psi \left(\frac{X_{t+1}}{C_{t+2}} \right)^{1-\gamma} H_{t+2}^{1+\chi} \right\}$$

$$= C_{t+2}^{1-\sigma} \left[1 - \psi \left(\frac{X_{t+1}}{C_{t+2}} \right)^{1-\gamma} H_{t+2}^{1+\chi} \right]^{-\sigma-1} \gamma (1-\gamma)^2 \psi \left(\frac{X_{t+1}}{C_{t+2}} \right)^{1-\gamma} H_{t+2}^{1+\chi} \frac{1}{C_t^2}$$

$$\left\{ 1 - \gamma(1-\gamma)^2 - [1 - (1-\sigma)\gamma(1-\gamma)^2] \psi \left(\frac{X_{t+1}}{C_{t+2}} \right)^{1-\gamma} H_{t+2}^{1+\chi} \right\}$$

经过整理，得到最后的等式。可以看到，当大括号内的值大于零时，u_{t+2} 关于 C_t 的二阶偏导数为正。

若

$$\psi\left(\frac{X_{t+1}}{C_{t+2}}\right)^{1-\gamma} H_{t+2}^{1+\chi} < \frac{1-\gamma(1-\gamma)^2}{1-(1-\sigma)\gamma(1-\gamma)^2}$$

$$= 1 - \frac{\sigma\gamma(1-\gamma)^2}{1-(1-\sigma)\gamma(1-\gamma)^2}$$

则可以得出：

$$\frac{\partial^2 u_{t+2}}{\partial C_t^2} > 0$$

（二）计算一般情况下的 $\dfrac{\partial^2 u_{t+i}}{\partial C_t^2}$

注意，由于 X_{t+i-1} 中含有 C_t，所以 u_{t+i} 是 C_t 的函数。而由

$$\begin{aligned} X_{t+i-1} &= C_{t+i-1}^{\gamma} X_{t+i-2}^{1-\gamma} \\ &= C_{t+i-1}^{\gamma} C_{t+i-2}^{\gamma(1-\gamma)} X_{t+i-3}^{(1-\gamma)^2} \\ &= C_{t+i-1}^{\gamma} C_{t+i-2}^{\gamma(1-\gamma)} \cdots C_{t+1}^{\gamma(1-\gamma)^{i-2}} X_{t+i-i}^{(1-\gamma)^{i-1}} \\ &= C_{t+i-1}^{\gamma} C_{t+i-2}^{\gamma(1-\gamma)} \cdots C_{t+1}^{\gamma(1-\gamma)^{i-2}} X_t^{(1-\gamma)^{i-1}} \\ &= C_{t+i-1}^{\gamma} C_{t+i-2}^{\gamma(1-\gamma)} \cdots C_{t+1}^{\gamma(1-\gamma)^{i-2}} C_t^{\gamma(1-\gamma)^{i-1}} X_{t-1}^{(1-\gamma)^i} \end{aligned}$$

而

$$\begin{aligned} \frac{\partial X_{t+i-1}}{\partial C_t} &= \gamma(1-\gamma)^{i-1} C_{t+i-1}^{\gamma} C_{t+i-2}^{\gamma(1-\gamma)} \cdots C_{t+1}^{\gamma(1-\gamma)^{i-2}} C_t^{\gamma(1-\gamma)^{i-1}-1} X_{t-1}^{(1-\gamma)^i} \\ &= \gamma(1-\gamma)^{i-1} C_{t+i-1}^{\gamma} C_{t+i-2}^{\gamma(1-\gamma)} \cdots C_{t+1}^{\gamma(1-\gamma)^{i-2}} C_t^{\gamma(1-\gamma)^{i-1}-1} X_{t-1}^{(1-\gamma)^i} \\ &= \frac{\gamma(1-\gamma)^{i-1} C_{t+i-1}^{\gamma} C_{t+i-2}^{\gamma(1-\gamma)} \cdots C_{t+1}^{\gamma(1-\gamma)^{i-2}} C_t^{\gamma(1-\gamma)^{i-1}} X_{t-1}^{(1-\gamma)^i}}{C_t} \\ &= \frac{\gamma(1-\gamma)^{i-1} X_{t+i-1}}{C_t} \end{aligned}$$

$$\frac{\partial u_{t+i}}{\partial C_t} = \frac{\partial}{\partial C_t}\left\{\frac{C_{t+i}^{1-\sigma}\left[1-\psi\left(\frac{X_{t+i-1}}{C_{t+i}}\right)^{1-\gamma}H_{t+i}^{1+\chi}\right]^{1-\sigma}}{1-\sigma}\right\}$$

$$= C_{t+i}^{1-\sigma}\left[1-\psi\left(\frac{X_{t+i-1}}{C_{t+i}}\right)^{1-\gamma}H_{t+i}^{1+\chi}\right]$$

$$\left[-\psi(1-\gamma)X_{t+i-1}^{-\gamma}C_{t+i}^{-(1-\gamma)}H_{t+i}^{1+\chi}\gamma(1-\gamma)^{i-1}\frac{X_{t+i-1}}{C_t}\right]$$

$$= C_{t+i}^{1-\sigma}\left[1-\psi\left(\frac{X_{t+i-1}}{C_{t+i}}\right)^{1-\gamma}H_{t+i}^{1+\chi}\right]\left[-\psi\gamma(1-\gamma)^{i}\left(\frac{X_{t+1}}{C_{t+2}}\right)^{1-\gamma}H_{t+2}^{1+\chi}\frac{1}{C_t}\right]$$

然后，计算 $\dfrac{\partial^2 u_{t+i}}{\partial C_t^2}$：

$$\frac{\partial^2 u_{t+i}}{\partial C_t^2} = C_{t+i}^{1-\sigma}\left[1-\psi\left(\frac{X_{t+i-1}}{C_{t-i}}\right)^{1-\gamma}H_{t+i}^{1+\chi}\right]^{-\sigma-1}$$

$$(-\sigma)\left[\gamma(1-\gamma)^{i}\psi\left(\frac{X_{t+i-1}}{C_{t+i}}\right)^{1-\gamma}H_{t+i}^{1+\chi}\frac{1}{C_t}\right]^2$$

$$+ C_{t+i}^{1-\sigma}\left[1-\psi\left(\frac{X_{t+i-1}}{C_{t-i}}\right)^{1-\gamma}H_{t+i}^{1+\chi}\right]^{-\sigma}\left[-\gamma(1-\gamma)^{i}\psi\left(\frac{X_{t+i-1}}{C_{t+i}}\right)^{1-\gamma}\right.$$

$$\left. H_{t+i}^{1+\chi}\frac{1}{C_t^2} + \gamma(1-\gamma)^{i}\psi\left(\frac{X_{t+i-1}}{C_{t+i}}\right)^{1-\gamma}H_{t+i}^{1+\chi}\frac{1}{C_t^2}\right]$$

这样，经过整理和提取公因式，得到：

$$\frac{\partial^2 u_{t+i}}{\partial C_t^2} = C_{t+i}^{1-\sigma}\left[1-\psi\left(\frac{X_{t+i-1}}{C_{t-i}}\right)^{1-\gamma}H_{t+i}^{1+\chi}\right]^{-\sigma-1}$$

$$(-\sigma)\left[\gamma(1-\gamma)^{i}\psi\left(\frac{X_{t+i-1}}{C_{t+i}}\right)^{1-\gamma}H_{t+i}^{1+\chi}\frac{1}{C_t}\right]^2$$

$$+ C_{t+i}^{1-\sigma}\left[1-\psi\left(\frac{X_{t+i-1}}{C_{t-i}}\right)^{1-\gamma}H_{t+i}^{1+\chi}\right]^{-\sigma}\gamma(1-\gamma)^{i}\psi\left(\frac{X_{t+i-1}}{C_{t+i}}\right)^{1-\gamma}$$

$$H_{t+i}^{1+\chi}\frac{1}{C_t^2}\left[1-\gamma(1-\gamma)^{i}\right]$$

$$= C_{t+i}^{1-\sigma} \left[1 - \psi \left(\frac{X_{t+i-1}}{C_{t-i}} \right)^{1-\gamma} H_{t+i}^{1+\chi} \right]^{-\sigma-1} \gamma (1-\gamma)^i \psi \left(\frac{X_{t+i-1}}{C_{t+i}} \right)^{1-\gamma}$$

$$H_{t+i}^{1+\chi} \frac{1}{C_t^2} \left\{ -\sigma \gamma (1-\gamma)^i \psi \left(\frac{X_{t+i-1}}{C_{t+i}} \right)^{1-\gamma} H_{t+i}^{1+\chi} \right.$$

$$\left. + [1 - \gamma(1-\gamma)^i] \left[1 - \psi \left(\frac{X_{t+i-1}}{C_{t+i}} \right)^{1-\gamma} H_{t+i}^{1+\chi} \right] \right\}$$

$$= C_{t+i}^{1-\sigma} \left[1 - \psi \left(\frac{X_{t+i-1}}{C_{t-i}} \right)^{1-\gamma} H_{t+i}^{1+\chi} \right]^{-\sigma-1} \gamma (1-\gamma)^i \psi \left(\frac{X_{t+i-1}}{C_{t+i}} \right)^{1-\gamma}$$

$$H_{t+i}^{1+\chi} \frac{1}{C_t^2} \left\{ 1 - \gamma(1-\gamma)^i + [-1 + \gamma(1-\gamma)^i - \sigma\gamma(1-\gamma)^i] \right.$$

$$\left. \psi \left(\frac{X_{t+i-1}}{C_{t+i}} \right)^{1-\gamma} H_{t+i}^{1+\chi} \right\}$$

$$= C_{t+i}^{1-\sigma} \left[1 - \psi \left(\frac{X_{t+i-1}}{C_{t-i}} \right)^{1-\gamma} H_{t+i}^{1+\chi} \right]^{-\sigma-1} \gamma (1-\gamma)^i \psi \left(\frac{X_{t+i-1}}{C_{t+i}} \right)^{1-\gamma}$$

$$H_{t+i}^{1+\chi} \frac{1}{C_t^2} \left\{ 1 - \gamma(1-\gamma)^i - [1 - (1-\sigma)\gamma(1-\gamma)^i] \right.$$

$$\left. \psi \left(\frac{X_{t+i-1}}{C_{t+i}} \right)^{1-\gamma} H_{t+i}^{1+\chi} \right\}$$

当 $\psi \left(\frac{X_{t+i-1}}{C_{t+i}} \right)^{1-\gamma} H_{t+i}^{1+\chi} < \frac{1-\gamma(1-\gamma)^i}{1-(1-\sigma)\gamma(1-\gamma)^i}$ 时,有 $\frac{\partial u_{t+i}}{\partial C_t^2} > 0$。

下面验证如下不等式成立:

$$0 < \frac{1-\gamma(1-\gamma)^i}{1-(1-\sigma)\gamma(1-\gamma)^i} < 1$$

由于

$$\frac{1-\gamma(1-\gamma)^i}{1-(1-\sigma)\gamma(1-\gamma)^i}$$

$$= \frac{1-(1-\sigma)\gamma(1-\gamma)^i - \gamma(1-\gamma)^i + (1-\sigma)\gamma(1-\gamma)^i}{1-(1-\sigma)\gamma(1-\gamma)^i}$$

$$= 1 - \frac{\gamma(1-\gamma)^i[1-(1-\sigma)]}{1-(1-\sigma)\gamma(1-\gamma)^i}$$

$$= 1 - \frac{\sigma\gamma(1-\gamma)^i}{1-(1-\sigma)\gamma(1-\gamma)^i}$$

因此，接下来证明：

$$0 < \frac{\sigma\gamma(1-\gamma)^i}{1-(1-\sigma)\gamma(1-\gamma)^i} < 1$$

先通过上式中的分母与分子的差来看分式是否小于1，即

$$1-(1-\sigma)\gamma(1-\gamma)^i - \sigma\gamma(1-\gamma)^i$$
$$= 1 - \gamma(1-\gamma)^i + \sigma\gamma(1-\gamma)^i - \sigma\gamma(1-\gamma)^i$$
$$= 1 - \gamma(1-\gamma)^i > 0$$

明显上式的分子分母都是正的，因而分式是大于零的，且根据上面的计算分母大于分子，所以

$$\frac{\sigma\gamma(1-\gamma)^i}{1-(1-\sigma)\gamma(1-\gamma)^i} < 1$$

$$0 < 1 - \frac{\sigma\gamma(1-\gamma)^i}{1-(1-\sigma)\gamma(1-\gamma)^i} < 1$$

因而，可以取到(C_{t+1}, H_{t+1})的某一区域，使得$\psi\left(\dfrac{X_t}{C_{t+i}}\right)^{1-\gamma}$

$H_{t+i}^{1+\chi} < \dfrac{1-\gamma(1-\gamma)^i}{1-(1-\sigma)\gamma(1-\gamma)^i}$在$(C_{t+1}, H_{t+1})$的这一区域里，有：

$$\psi\left(\frac{X_t}{C_{t+i}}\right)^{1-\gamma} H_{t+i}^{1+\chi} < \frac{1-\gamma(1-\gamma)^i}{1-(1-\sigma)\gamma(1-\gamma)^i}$$

因而得到：

$$\frac{\partial^2 u_{t+i}}{\partial C_t^2} > 0$$

（三）找到使 $\frac{\partial^2 u_{t+i}}{\partial C_t^2} > 0$，$i = 1, \cdots, T-t$ 的共同条件

从上面（一）和（二）中，我们找到了 $\frac{\partial^2 u_{t+i}}{\partial C_t^2} > 0$ 的条件，但这些条件依赖于 i。现在我们试图找到一个独立于 i 的统一的条件，从而找到 (C_{t+i}, H_{t+i}) 的一个区域，使得在区域内，所有的 $\frac{\partial^2 u_{t+i}}{\partial C_t^2} > 0$ 都成立。

为了达到这个目的，设立一个辅助函数：

$$\frac{1-x}{1-(1-\sigma)x}$$

其导数为：

$$\frac{\mathrm{d}}{\mathrm{d}x}\left[\frac{1-x}{1-(1-\sigma)x}\right]$$

先计算：

$$\frac{1-x}{1-(1-\sigma)x} = \frac{1-(1-\sigma)x - x + (1-\sigma)x}{1-(1-\sigma)x}$$

$$= 1 - \frac{x-(1-\sigma)x}{1-(1-\sigma)x}$$

$$= 1 - \frac{\sigma x}{1-(1-\sigma)x}$$

则可得：

$$\frac{\mathrm{d}}{\mathrm{d}x}\left[\frac{1-x}{1-(1-\sigma)x}\right] = \frac{\mathrm{d}}{\mathrm{d}x}\left[1 - \frac{\sigma x}{1-(1-\sigma)x}\right]$$

$$= -\frac{\sigma[1-(1-\sigma)x]+(1-\sigma)\sigma x}{[1-(1-\sigma)x]^2}$$

$$= -\frac{\sigma}{[1-(1-\sigma)x]^2}$$

$$< 0$$

由于

$$\gamma(1-\gamma)^i < \gamma(1-\gamma)$$

因而

$$\frac{1-\gamma(1-\gamma)^i}{1-(1-\sigma)\gamma(1-\gamma)^i} < \frac{1-\gamma(1-\gamma)}{1-(1-\sigma)\gamma(1-\gamma)}$$

这样，当 $\psi\left(\dfrac{X_{t+i}}{C_{t+i+1}}\right)^{1-\gamma} H_{t+i+1}^{1+\chi} < \dfrac{1-\gamma(1-\gamma)}{1-(1-\sigma)\gamma(1-\gamma)}$ 时，就一定有：

$$\psi\left(\frac{X_{t+i}}{C_{t+i+1}}\right)^{1-\gamma} H_{t+i+1}^{1+\chi} < \frac{1-\gamma(1-\gamma)^i}{1-(1-\sigma)\gamma(1-\gamma)^i}$$

考虑到 X_t 的稳态 X，我们可以设 $X_{t+i} \leqslant M$。对于 (C^0, H^0)，满足：

$$\psi\left(\frac{M}{C^0}\right)^{1-\gamma}(H^0)^{1+\chi} < \frac{1-\gamma(1-\gamma)}{1-(1-\sigma)\gamma(1-\gamma)}$$

由于 $\psi\left(\dfrac{M}{C^0}\right)^{1-\gamma}(H^0)^{1+\chi}$ 关于 (C, H) 是连续的，因此存在 (C^0, H^0) 的邻域 $\delta(C^0, H^0)$ 使得对任意 $(C, H) \in \delta(C^0, H^0)$，都有：

$$\psi\left(\frac{M}{C}\right)^{1-\gamma}(H)^{1+\chi} < \frac{1-\gamma(1-\gamma)}{1-(1-\sigma)\gamma(1-\gamma)}$$

$$< \frac{1-\gamma(1-\gamma)^i}{1-(1-\sigma)\gamma(1-\gamma)^i}$$

所以，只要$(C_{t+i}, H_{t+i}) \in \delta(C^0, H^0)$，就有：

$$\frac{\partial^2 u_{i+1}}{\partial C_t^2} > 0, i = 1, \cdots, T-i$$

二 其他的二阶偏导及凹性

注意到后面各期的效用与 t 期的劳动小时的选择没有关系，因为 t 期劳动小时的选择只是通过生产影响资本积累，并不直接影响后面期间的效用，即

$$\frac{\partial^2 u_{i+1}}{\partial H_t^2} = 0, \ i = 1, 2, \cdots, T$$

因而，

$$\frac{\partial^2 U_t}{\partial H_t^2} = \frac{\partial^2 u_t}{\partial H_t^2}$$

$$\frac{\partial^2 U_t}{\partial H_t \partial C_t} = \frac{\partial^2 u_t}{\partial H_t \partial C_t}$$

接下来要计算：

$$\frac{\partial^2 U_t}{\partial C_t^2} \frac{\partial^2 U_t}{\partial H_t^2} - \left(\frac{\partial^2 U_t}{\partial C_t \partial H_t}\right)^2$$

由前面的计算，可得：

$$\frac{\partial^2 U_t}{\partial C_t^2} \frac{\partial^2 U_t}{\partial H_t^2} - \left(\frac{\partial^2 U_t}{\partial C_t \partial H_t}\right)^2 = \frac{\partial^2 U_t}{\partial C_t^2} \frac{\partial^2 u_t}{\partial H_t^2} - \left(\frac{\partial^2 u_t}{\partial C_t \partial H_t}\right)^2$$

$$= \frac{\partial^2 u_t}{\partial C_t^2}\frac{\partial^2 u_t}{\partial H_t^2} - \left(\frac{\partial^2 u_t}{\partial C_t \partial H_t}\right)^2 + \sum_{i=1}^{T-1}\beta^i \frac{\partial^2 u_{t+i}}{\partial C_t^2}\frac{\partial^2 u_t}{\partial H_t^2}$$

第一个等式是因为 t 期的工作时间并不直接影响后面各期的效用而得到的，最后的等式是把 t 期的值从总和中分离出来而得到的。

当 $g = \psi\left(\dfrac{X_{t-1}}{C_t}\right)^{1-\gamma} H_t^{1+\chi} = 1$ 时，根据第三章结果，可知

$$\frac{\partial^2 u_t}{\partial C_t^2}\frac{\partial^2 u_t}{\partial H_t^2} - \left(\frac{\partial^2 u_t}{\partial C_t \partial H_t}\right)^2 = F(g), \quad F(1) = 0。$$

在 $g = \psi\left(\dfrac{X_{t-1}}{C_t}\right)^{1-\gamma} H_t^{1+\chi} = 1$ 时，得到：

$$\frac{\partial^2 u_t}{\partial C_t^2}\frac{\partial^2 u_t}{\partial H_t^2} - \left(\frac{\partial^2 u_t}{\partial C_t \partial H_t}\right)^2 = 0$$

这样，在 $g = \psi\left(\dfrac{X_{t-1}}{C_t}\right)^{1-\gamma} H_t^{1+\chi} = 1$ 时，得到：

$$\frac{\partial^2 U_t}{\partial C_t^2}\frac{\partial^2 U_t}{\partial H_t^2} - \left(\frac{\partial^2 U_t}{\partial C_t \partial H_t}\right)^2$$

$$= \frac{\partial^2 u_t}{\partial C_t^2}\frac{\partial^2 u_t}{\partial H_t^2} - \left(\frac{\partial^2 u_t}{\partial C_t \partial H_t}\right)^2 + \sum_{i=1}^{T-1}\beta^i \frac{\partial^2 u_{t+i}}{\partial C_t^2}\frac{\partial^2 u_t}{\partial H_t^2}$$

$$= \sum_{i=1}^{T-1}\beta^i \frac{\partial^2 u_{t+i}}{\partial C_t^2}\frac{\partial^2 u_t}{\partial H_t^2}$$

当 (C_{t+i}, H_{t+i}) 属于 $\delta(C^0, H^0)$ 时，由本章第一部分的计算，将 $\dfrac{\partial u_{t+i}}{\partial C_t^2} > 0, i = 1, \cdots, T-t$ 代入上式，得到：

$$\frac{\partial^2 U_t}{\partial C_t^2}\frac{\partial^2 U_t}{\partial H_t^2} - \left(\frac{\partial^2 U_t}{\partial C_t \partial H_t}\right)^2 = \sum_{i=1}^{T-1}\beta^i \frac{\partial^2 u_{t+i}}{\partial C_t^2}\frac{\partial^2 u_t}{\partial H_t^2} < 0$$

因为，
$$\frac{\partial^2 u_t}{\partial H_t^2} < 0$$

所以，当 $g = \psi\left(\dfrac{X_{t-1}}{C_t}\right)^{1-\gamma} H_t^{1+\chi} = 1$ 时，得到：

$$\frac{\partial^2 U_t}{\partial C_t^2}\frac{\partial^2 U_t}{\partial H_t^2} - \left(\frac{\partial^2 U_t}{\partial C_t \partial H_t}\right)^2$$

$$= \frac{\partial^2 u_t}{\partial C_t^2}\frac{\partial^2 u_t}{\partial H_t^2} - \left(\frac{\partial^2 u_t}{\partial C_t \partial H_t}\right)^2 + \sum_{i=1}^{T-1}\beta^i \frac{\partial^2 u_{t+i}}{\partial C_t^2}\frac{\partial^2 u_t}{\partial H_t^2}$$

$$= \sum_{i=1}^{T-1}\beta^i \frac{\partial^2 u_{t+i}}{\partial C_t^2}\frac{\partial^2 u_t}{\partial H_t^2}$$

$$< 0$$

由于 $\dfrac{\partial^2 U_t}{\partial C_t^2}\dfrac{\partial^2 U_t}{\partial H_t^2} - \left(\dfrac{\partial^2 U_t}{\partial C_t \partial H_t}\right)^2$ 是关于 $g = \psi\left(\dfrac{X_{t-1}}{C_t}\right)^{1-\gamma} H_t^{1+\chi}$ 的连续函数，所以，存在一个区间 $(a, 1)$，当 $g = \psi\left(\dfrac{X_{t-1}}{C_t}\right)^{1-\gamma} H_t^{1+\chi} \in (a,1)$，以及 (C_{t+i}, H_{t+i}) 属于 $\delta(C^0, H^0)$ 时，就有下述不等式成立：

$$\frac{\partial^2 U_t}{\partial C_t^2}\frac{\partial^2 U_t}{\partial H_t^2} - \left(\frac{\partial^2 U_t}{\partial C_t \partial H_t}\right)^2 < 0$$

下面，由

$$\frac{1-\gamma(1-\gamma)}{1-(1-\sigma)(1-\gamma)} = 1 - \frac{\sigma\gamma(1-\gamma)}{1-(1-\sigma)\gamma(1-\gamma)}$$

我们想要找到参数的取值范围，使两个区域重合。就是使下式成立：

$$1 - \frac{\sigma\gamma(1-\gamma)}{1-(1-\sigma)\gamma(1-\gamma)} \geq a$$

在上式中移项，得到：

$$1 - a \geq \frac{\sigma\gamma(1-\gamma)}{1-(1-\sigma)\gamma(1-\gamma)}$$

计算：

$$1 - a - (1-a)(1-\sigma)\gamma(1-\gamma) \geq \sigma\gamma(1-\gamma)$$

得到：

$$[\sigma + (1-a)(1-\sigma)]\gamma(1-\gamma) \leq 1 - a$$

即

$$\gamma(1-\gamma) \leq \frac{1-a}{\sigma + (1-a)(1-\sigma)}$$

当参数 γ 满足以上条件时，可以得到 (C'^0, H'^0) 的一个邻域，当 (C_{t+i}, H_{t+i})，$i = 0, \cdots, T-t$，属于这一邻域时，就有：

$$\frac{\partial^2 U_t}{\partial C_t^2} \frac{\partial^2 U_t}{\partial H_t^2} - \left(\frac{\partial^2 U_t}{\partial C_t \partial H_t}\right)^2 < 0 。$$

注意 $\psi\left(\frac{X_{t+i-1}}{C_{t+i}}\right)^{1-\gamma} H_{t+i}^{1+\chi}$ 可以是任意的 0 和 1 之间的数值，只需要满足：

$$\psi\left(\frac{X_{t+i-1}}{C_{t+i}}\right)^{1-\gamma} H_{t+i}^{1+\chi} \in (a, 1)$$

所以我们可以找到这样的 (C'^0, H'^0) 的邻域。在这个邻域上下式成立：

$$\frac{\partial^2 U_t}{\partial C_t^2}\frac{\partial^2 U_t}{\partial H_t^2} - \left(\frac{\partial^2 U_t}{\partial C_t \partial H_t}\right)^2 < 0$$

即 U_t 关于 (C_t, H_t) 不是凹的。

我们得到下面的定理。

定理 4-1 在合适的参数的范围内,存在 (C'^0, H'^0) 的一个邻域 $\delta(C'^0, H'^0)$,当 $(C_{t+i}, H_{t+i}) \in \delta(C'^0, H'^0)$ 时,$\frac{\partial^2 U_t}{\partial C_t^2}\frac{\partial^2 U_t}{\partial H_t^2} - \left(\frac{\partial^2 U_t}{\partial C_t \partial H_t}\right)^2 < 0$。因而,在此邻域内,$U_t$ 关于 (C_t, H_t) 不是凹的。

注意,在这一章中没有对参数 σ 做任何限制,也就是说,即使在第三章 $\sigma \geq \frac{2(\gamma+\chi)}{3+(\gamma+\chi)}$ 的范围内,在 $u_t(C_t, H_t)$ 对于 (C_t, H_t) 是凹函数的情况下,U_t 关于 (C_t, H_t) 也不是凹的。当然,在 $u_t(C_t, H_t)$ 关于 (C_t, H_t) 不是凹函数的 σ 的取值范围内,就不需要区间 $(a, 1)$ 的限制,只需要 $(C_{t+i}, H_{t+i}) \in \delta(C^0, H^0)$,$i = 1, \cdots, T-t$,这样就可以得到 U_t 关于 (C_t, H_t) 不是凹的结果。

第五章
动态系统中内部解的唯一性

在第三章中,我们分析了 JR 即时效用函数在各种参数取值范围内凹性是否成立的问题。我们找到了 $\sigma \geq \frac{1}{2}$ 的取值范围,在这个参数的取值范围内,证明了 JR 即时效用函数是凹函数,得到了比 Aloso – Carrera 等(2005)要弱的条件。但是,JR 即时效用函数凹的性质并不能保证动态最优路径是唯一的内部路径,也就是说,一阶条件不能够刻画最佳路径。在第四章中,我们证明了,在 JR 即时效用函数是凹函数的情况下,多期间的效用函数还有可能不是 (C_t, H_t) 的凹函数。

本章证明在 JR 模型的动态系统中没有唯一的内部解存在。如果在 $U_t = \sum_{i=1}^{T} \beta^t u(C_{t+i}, H_{t+i})$ 中,对任意足够大的 T,U_t 关于 (C_t, H_t) 是严格凹的话,一阶条件得到的解是最优解,且是唯一的。但是在 U_t 关于 (C_t, H_t) 不是凹函数的情况下,满足一阶条件的内部解可能不是最优解,如果是最优解也不是唯一的。在不是最优解的情况下,模型就失去了作用,如果是最优解但不唯一的话,通过通常的局部分析得到的动态稳定性的结果就没有价值。因为只有在稳态是唯一的情况下才能通过局部的稳定性分析得到稳定性的结果。我们通过下面的定理证明这一结论。

定理 5-1　在 JR 模型的动态系统中不存在唯一的内部解。

证明：设动态最优化问题为：

$$\max \sum_{i=0}^{T-t} \beta^i u_{t+i}(C_{t+i}, H_{t+i}) \tag{5-1}$$

$$\text{s.t.} \quad K_{t+i+1} = (r_{t+i} - \delta)K_{t+i} + w_{t+i}H_{t+i} - C_{t+i}$$

在这里，目标函数实际上就是 U_t，其表示从 t 期到有限的期间 T 的效用的总和，通过贴现率 β 把各期之间的效用都贴现到 t 期。而预算约束表示消费者的资本收入和工资收入被用于消费和投资，这里 r_{t+i} 和 w_{t+i} 分别表示 $t+i$ 期的资本租借利息率和工资率，而 K_{t+i}、K_{t+i+1} 分别表示 $t+i$ 期和下一期的资本，δ 表示资本的损耗率，而 H_{t+i} 表示消费者 $t+i$ 期投入的劳动时间，而 C_{t+i} 则表示消费者 $t+i$ 期的消费。这里的 T 是任意足够大的数。

实际的问题应该是 $T = \infty$，我们只不过是截取了其中到 T 为止的有限部分。

也就是说，原问题为：

$$\max \sum_{i=0}^{\infty} \beta^i u_{t+i}(C_{t+i}, H_{t+i})$$

$$\text{s.t.} \quad K_{t+i+1} = (r_{t+i} - \delta)K_{t+i} + w_{t+i}H_{t+i} - C_{t+i}$$

而现在考虑的问题是：

$$\max \sum_{i=0}^{\infty} \beta^i u_{t+i}(C_{t+i}, H_{t+i}) = \lim_{T \to \infty} \max \sum_{i=0}^{T-t} \beta^i u_{t+i}(C_{t+i}, H_{t+i})$$

$$\text{s.t.} \quad K_{t+i+1} = (r_{t+i} - \delta)K_{t+i} + w_{t+i}H_{t+i} - C_{t+i}$$

设立拉格朗日函数：

$$L = \sum_{i=0}^{T-t} \beta^i u_{t+i} + \sum_{i=0}^{T-t} \beta^i \lambda_{t+i} [(r_{t+i} - \delta)K_{t+i} + w_{t+i}H_{t+i} - C_{t+i} - K_{t+i+1}]$$

$$= U_t + \sum_{i=0}^{T-t} \beta^i \lambda_{t+i} [(r_{t+i} - \delta)K_{t+i} + w_{t+i}H_{t+i} - C_{t+i} - K_{t+i+1}]$$

如果是内部解的话，会满足最大化的一阶条件（见附录）。

关于 C_t 的一阶条件为：

$$\frac{\partial U_t}{\partial C_t} - \lambda_t = 0 \qquad (5-2)$$

关于 H_t 的一阶条件为：

$$\frac{\partial U_t}{\partial H_t} - \lambda_t w_t = 0 \qquad (5-3)$$

关于 K_{t+1} 的一阶条件为：

$$-\lambda_t + \beta \lambda_{t+1}(r_{t+1} - \delta) = 0 \qquad (5-4)$$

$$K_{t+i+1} = (r_{t+i} - \delta)K_{t+i} + w_{t+i}H_{t+i} - C_{t+i} \qquad (5-5)$$

假设 $(C^0, H^0) = \{C_i^0, H_i^0\}_{i=t}^T$ 是上面问题的最优解，$(C, H) = \{(C_i, H_i)\}_{i=t}^T$ 是上面问题的任意可行解。注意，这里 (C^0, H^0) 和 (C, H) 表示的实际上不是一个点而是动态路径。

则

$$\sum_{t=0}^T \beta^t u_t(C_t, H_t) - \sum_{t=0}^T \beta^t u_t(C_t^0, H_t^0)$$

$$= \frac{\partial U_t}{\partial C_t}(C_t^0, H_t^0)(C_t - C_t^0) + \frac{\partial U_t}{\partial C_t}(C_t^0, H_t^0)(H_t - H_t^0)$$

$$+ \frac{\partial^2 U_t}{\partial C_t^2}(C_t^\xi, H_t^\xi)(C_t - C_t^0)^2 + 2\frac{\partial^2 U_t}{\partial C_t \partial H_t}(C_t^\xi, H_t^\xi)(C_t - C_t^0)(H_t - H_t^0)$$

$$+ \frac{\partial^2 U_t}{\partial H_t^2}(C_t^\xi, H_t^\xi)(H_t - H_t^0)^2$$

$$= \lambda_t [w_t(H_t - H_t^0) - (C_t - C_t^0)] + \frac{\partial^2 U_t}{\partial C_t^2}(C_t^\xi, H_t^\xi)(C_t - C_t^0)^2$$

$$+ 2\frac{\partial^2 U_t}{\partial C_t \partial H_t}(C_t^\xi, H_t^\xi)(C_t - C_t^0)(H_t - H_t^0)$$

$$+ \frac{\partial^2 U_t}{\partial H_t^2}(C_t^\xi, H_t^\xi)(H_t - H_t^0)^2 \tag{5-6}$$

其中，$(C_t^\xi, H_t^\xi) = \mu(C_t^0, H_t^0) + (1-\mu)(C_t, H_t), \mu \in (0,1)$。

由于 (C_t, H_t) 与 (C_t^0, H_t^0) 都满足约束条件，所以

$$(K_{t+1} - K_{t+1}^0) + w_t(H_t - H_t^0) - (C_t - C_t^0) = 0$$

那么，

$$w_t(H_t - H_t^0) - (C_t - C_t^0) = -(K_{t+1} - K_{t+1}^0)$$

将上式代入式（5-6），可得：

$$\sum_{t=0}^{T} \beta^t u_t(C_t, H_t) - \sum_{t=0}^{T} \beta^t u_t(C_t^0, H_t^0)$$

$$= -\lambda_t(K_{t+1} - K_{t+1}^0) + \frac{\partial^2 U_t}{\partial C_t^2}(C_t - C_t^0)^2$$

$$+ 2\frac{\partial^2 U_t}{\partial C_t \partial H_t}(C_t^\xi, H_t^\xi)(C_t - C_t^0)(H_t - H_t^0)$$

$$+ \frac{\partial^2 U_t}{\partial H_t^2}(C_t^\xi, H_t^\xi)(H_t - H_t^0)^2$$

$$= \lambda_t(K_{t+1}^0 - K_{t+1}) + \left[\frac{\partial^2 U_t}{\partial C_t^2}(C_t^\xi, H_t^\xi)(C_t - C_t^0)^2\right.$$

$$+ 2\frac{\partial^2 U_t}{\partial C_t \partial H_t}(C_t^\xi, H_t^\xi)(C_t - C_t^0)(H_t - H_t^0)$$

$$+ \frac{\partial^2 U_t}{\partial H_t^2}(C_t^{\xi}, H_t^{\xi})(H_t - H_t^0)^2 \Big]$$

$$\leq 0$$

上式对任意(C, H)都成立。因为可行解具有任意性，可以取$K_{t+1} \leq K_{t+1}^0$，则有：

$$\begin{pmatrix} C_t - C_t^0 \\ H_t - H_t^0 \end{pmatrix}^T \begin{pmatrix} \dfrac{\partial^2 U_t}{\partial C_t^2} & \dfrac{\partial^2 U_t}{\partial C_t \partial H_t} \\ \dfrac{\partial^2 U_t}{\partial C_t \partial H_t} & \dfrac{\partial^2 U_t}{\partial H_t^2} \end{pmatrix} \begin{pmatrix} C_t - C_t^0 \\ H_t - H_t^0 \end{pmatrix} \leq 0$$

因而，下面的矩阵是正定的：

$$\begin{pmatrix} \dfrac{\partial^2 U_t}{\partial C_t^2} & \dfrac{\partial^2 U_t}{\partial C_t \partial H_t} \\ \dfrac{\partial^2 U_t}{\partial C_t \partial H_t} & \dfrac{\partial^2 U_t}{\partial H_t^2} \end{pmatrix}$$

所以应有：

$$\frac{\partial^2 U_t}{\partial C_t^2}(C_t^{\xi}, H_t^{\xi}) < 0$$

而且

$$\frac{\partial^2 U_t}{\partial C_t^2} \frac{\partial^2 U_t}{\partial H_t^2} - \left(\frac{\partial^2 U_t}{\partial C_t \partial H_t}\right)^2 \geq 0 \qquad (5-7)$$

注意到式（5-7）是在(C_t^{ξ}, H_t^{ξ})上的值，而(C_t^{ξ}, H_t^{ξ})是位于(C_t^0, H_t^0)与(C_t, H_t)连线上的一点，而(C_t, H_t)是任意可行解在第t期的值。但根据第四章所证，存在一个邻域$\delta(C^{'0}, H^{'0})$，在其上式（5-7）不成立。也就是说，可以找

到可行解(C, H)，它在 t 期的点 (C_t, H_t) 与最优解 (C^0, H^0) 在 t 期的点 (C_t^0, H_t^0) 之间的连线上的点——(C_t^ξ, H_t^ξ) 属于 $\delta(C^{\prime 0}, H^{\prime 0})$ 时，会有：

$$\frac{\partial^2 U_t}{\partial C_t^2}\frac{\partial^2 U_t}{\partial H_t^2} - \left(\frac{\partial^2 U_t}{\partial C_t \partial H_t}\right)^2 < 0$$

上式与式（5-7）矛盾。Q. E. D.

本章证明，对任意的 T 来说，满足一阶条件的内部解都不能保证就是最优解，这对任意的 T 都成立，当 T 趋于无穷时仍然成立，因而，对无穷问题也是如此，满足一阶条件的路径不一定就是最佳路径。

总　结

　　本书研究了宏观经济学的动态模型中的不决定性问题，主要研究了一个部门的动态模型中的不决定性均衡产生的条件，并对稳态点附近进行稳定性分析。在第三、四、五章中，研究了一个新的效用函数——JR 效用函数，它具有对消费和劳动的效用不可分离的函数形式和对过去效用的递归形式。由于它对劳动供给上的收入效应而言是可变的，所以它在收入效应上的作用可以产生不决定性，在国外的相关论文中，有使用类似效用函数的文献，但并未有对这种效用函数的凹的性质进行分析的文献。本书通过总结关于一个部门的不决定性的文献来说明为什么会使用这种效用函数，原因在于其他经常使用的效用函数需要很强的生产的外部性才能产生不决定性，而这样强的外部性与实际的数据不符。而要使生产规模报酬递增的程度减弱，使用其他效用函数达不到产生不决定性的效果。

　　而本书的第三、四、五章证明了 JR 效用函数虽从模拟分析中可以产生不决定性，但一阶条件所刻画的路径不一定是最佳路径。实际上，虽然模拟分析证实它会产生不决定性均衡，但因为它可能不是最佳路径，那么这个证明就是没有用的，因为不决定性一定是在最佳路径上发生的现象，这样才有分析和关注的必要，而非最佳路径上的问题不具有讨论的必要性。

即使一阶条件所刻画的路径是最佳的，但它不是唯一的，就不能证明不决定性的存在。因为不决定性是建立在稳态是唯一的基础上的，动态最优解不唯一会造成稳态不唯一，同时这也违反不决定性的定义。

本书的第三章分析了 JR 即时效用函数的凹性。第四章证明了即使在 JR 即时效用函数是凹函数的参数区域中，多期间效用函数也不是凹函数。第五章证明了最优化问题的一阶条件所刻画的路径并不是最佳路径。因为它不满足最优化的二阶条件。

本书的后三章全部是作者的证明，是作者的独创。而且因为国际上尚未有关于这一问题的分析，所以，本书是国际上最新的成果。

附 录

在附录中,我们给出数学上控制论的研究方法,以解决经济学中连续时间动态模型的求解问题。在连续时间动态系统中,我们使用最大原理来求解。在离散时间动态模型方面,使用拉格朗日乘数法来求解。附录给出了最优解的必要和充分条件。在离散时间模型方面作者给出了一部分自己的证明。因为后面问题的求解和说明都要用到此处的数学内容,所以本部分是研究动态问题的钥匙和关键。

一 连续时间问题

因为后面需要使用,所以首先介绍连续时间动态模型的解法。在解决连续时间的动态最优化问题时,使用最优控制的方法。

根据连续时间的设定,时间用 t 来表示,它的取值范围为闭区间 $[0, T]$,$T > 0$,或为 $[0, \infty)$。在动态系统中,存在状态变量和控制变量:

(1) 状态向量为:

$$x(t) = \begin{pmatrix} x_1(t) \\ x_2(t) \\ \vdots \\ x_n(t) \end{pmatrix}$$

其中, $x_i(t)$ 为状态变量, 关于时间 t 是连续可微的。

(2) 控制向量为:

$$u(t) = \begin{pmatrix} u_1(t) \\ u_2(t) \\ \vdots \\ u_m(t) \end{pmatrix}$$

其中, $u_j(t)$ 是控制变量, 在 $[0, T]$ 区间内除去有限个点以外, 都是连续的, 在连续的区间内连续可微。在不连续点, 左极限 $u_j(t-0)$、右极限 $u_j(t+0)$ 都存在, 且其右连续, 即 $u_j(t) = u_j(t+0)$。把 $u(t)$ 的取值范围记为 U。

(3) 结构方程。

联结 $x(t)$ 与 $u(t)$ 的微分方程为:

$$\begin{cases} \dfrac{\mathrm{d}x_1(t)}{\mathrm{d}t} = g_1[t, x(t), u(t)] \\ \dfrac{\mathrm{d}x_2(t)}{\mathrm{d}t} = g_2[t, x(t), u(t)] \\ \quad\quad\quad \vdots \\ \dfrac{\mathrm{d}x_n(t)}{\mathrm{d}t} = g_n[t, x(t), u(t)] \end{cases}$$

初始条件为 $x(0) = a$。

不同的问题可以有不同的限制条件，因而有不同的横截条件。

（4）终止条件。终止时刻 T 与终止的位置 $x(T)$ 有指定和未指定的情况，当未指定时需要对于终止的点附加条件。这种条件被称为横截条件（transversality condition）

（5）目标函数。一般地，由泛函数给出目标函数的主要部分：

$$\int_0^T f[t,x(t),u(t)]dt$$

目标函数其余的部分因终点 T 与 $x(T)$ 的自由与否而不同，而 $f[t,x(t),u(t)]$ 关于 t、x 与 u 是连续可微函数。

二　最大原理

本小节给出动态最优化问题的解法——使用最大原理，并给出最大原理的必要性和充分性证明。

$$\frac{dx_j(t)}{dt}=g_j[t,x(t),u(t)],j=1,2,\cdots,n$$

其中，$t\in[0,T]$，T 是指定的，$x(0)=a$，但 $x(T)$ 自由。

目标函数为：

$$J[x,u]=\int_0^T f[t,x(t),u(t)]dt+\Phi[x(T)]$$

哈密尔顿函数为：

$$H[t,x(t),u(t),\lambda(t)]=f[t,x(t),u(t)]+\sum_{j=1}^n \lambda_j(t)g_j[t,x(t),u(t)]$$

(一) 最大原理

定理1 (1) $H[t, x^0(t), u, \lambda^0(t)]$ 在 $u = u^0(t)$ 取得最大值,即

$$H[t, x^0(t), u^0(t), \lambda^0(t)] = \max_{u \in U} H[t, x^0(t), u(t), \lambda^0(t)]$$

如果 $u^0(t)$ 是在 U 的内部的话,则有:

$$\frac{\partial H[t, x^0(t), u^0(t), \lambda^0(t)]}{\partial u_i} = 0, i = 1, 2, \cdots, m$$

(2) $\dfrac{dx_j^0(t)}{dt} = \dfrac{\partial H}{\partial \lambda_j} = g_j[t, x^0(t), u^0(t)], j = 1, 2, \cdots, n$。

(3) $\dfrac{d\lambda_j^0(t)}{dt} = -\dfrac{\partial H}{\partial x_j}$。

(4) 横截条件。关于 $x_j^0(T)$,有:

$$\lambda_j^0(T) = \frac{\partial \Phi[x^0(T)]}{\partial x_j}, j = 1, 2, \cdots, n$$

如果不存在 $\Phi(x)$ 的话,则 $\lambda(T) = 0$。

(二) 最大原理的充分性

定理2 设基本问题的哈密尔顿函数 $H(t, x, u, \lambda)$ 关于 x 和 u 是凹的,$\Phi(x)$ 也是关于 x 的凹函数。对于问题的可行解 $[x^0(t), u^0(t)]$ 来说,如果存在 $\lambda^0(t)$ 满足定理1的(1)、(2)、(3)、(4)的话,则 $[x^0(t), u^0(t)]$ 就是基本问题的解。

若 T 与 $x(T)$ 都是给定的,则必要性和充分性都只有前三个条件。

若 T 自由,$x(T)$ 是给定的,在这种情况下,目标函数中含有关于 T 的函数——$h(T)$,$h(T)$ 关于 T 是可微的。

问题为：

$$\frac{\mathrm{d}x_j}{\mathrm{d}t} = g_j[t, x(t), u(t)], j = 1, 2, \cdots, n$$

$x(0) = a$，$x(T) = b$，$T < \infty$ 是自由的，$U \subset R^m$，求使得 $J[x,u] = \int_0^T f[t, x(t), u(t)]\mathrm{d}t + h(T)$ 达到最大的 $u(t)$。

定理 3 设问题的最优解为 $[x^0(t), u^0(t)]$，最优时刻为 T^0。则 $\lambda^0(t)$ 在满足定理 1 的 (1) ~ (3) 的条件之外，还满足以下条件。

横截条件：关于最终时刻 T^0：

$$H[T^0, x^0(T^0), u^0(T^0), \lambda^0(T^0)] + \frac{\mathrm{d}h(T^0)}{\mathrm{d}T} = 0$$

当不含有 $h(T)$ 时，应有：

$$H[T^0, x^0(T^0), u^0(T^0), \lambda^0(T^0)] = 0$$

定理 4 以上问题的哈密尔顿函数 $H(t, x, u, \lambda)$ 关于 x 与 u 是凹的，$h(T)$ 关于 T 是凹的。如果存在满足定理 3 的 $x^0(t)$、$u^0(t)$ 和 $\lambda^0(t)$ 的话，$x^0(t)$、$u^0(t)$ 是以上问题的解。

若 T 与 $x(T)$ 都是自由的，则

$$\frac{\mathrm{d}x_j}{\mathrm{d}t} = g_j[t, x(t), u(t)], j = 1, 2, \cdots, n$$

对于 $X(0) = a$，$x(T)$ 自由，$T < \infty$ 自由，T 自由，$U \subset R^m$，求使得 $J[x,u] = \int_0^T f[t, x(t), u(t)]\mathrm{d}t + \Psi[T, x(T)]$ 达到最大的 $u(t)$。

定理 5 设以上问题的最优解为 $x^0(t)$、$u^0(t)$，最佳终点时刻为 T^0。存在 $\lambda^0(t)$ 在满足定理 1 的前三个条件以外，

还满足以下条件：

$$\lambda_j^0(T^0) = \frac{\partial \Psi(T^0, x^0)}{\partial x_j}, j = 1, 2, \cdots, n$$

$$H(T^0) + \frac{\partial \Psi[T^0, x^0(T^0)]}{\partial T} = 0$$

定理 6 设以上问题的哈密尔顿函数关于 x、u 是凹函数。Ψ 关于 T 与 x 是凹函数。这时，如果 $x^0(t)$、$u^0(t)$、$\lambda^0(t)$ 和 T^0 满足定理 5 的条件，则 $[x^0(t), u^0(t)]$ 为问题的最优解，T^0 为最佳终止时刻。

三　离散时间模型的最优控制

在这一节中，时间是离散的，即 t 取 0 和正整数的形式。考虑以下最优控制问题。

当 $t = 0, 1, 2, \cdots, T$ 时，目标函数 $\sum_{t=0}^{T-1} f(t, x_t, u_t)$ 满足以下限制条件：

$$x_{t+1} - x_t = g(t, x_t, u_t), t = 0, 1, 2, \cdots, T-1$$
$$x(0) = a, x(T) = b$$

求使目标函数达到最大的 u_t，其中，$f(t, x_t, u_t)$ 和 $g(t, x_t, u_t)$ 关于 x_t 和 u_t 是连续可微的。

定理 7 设以上问题存在最优解 (x_t^0, u_t^0)。引入辅助变量 λ_t，定义哈密尔顿函数如下：

$$H(t, x_t, u_t, \lambda_t) = f(t, x_t, u_t) + \lambda_t g(t, x_t, u_t)$$

这时，对于 x_t^0、u_t^0，存在唯一的 λ_t^0，满足以下条件：

(1) $\dfrac{\partial H(t, x_t^0, u_t^0, \lambda_t^0)}{\partial u_t} = 0, t = 0, 1, 2, \cdots, T-1$。

(2) $x_{t+1}^0 - x_t^0 = \dfrac{\partial H(t, x_t^0, u_t^0, \lambda_t^0)}{\partial \lambda_t}, t = 0, 1, 2, \cdots, T-1$。

(3) $\lambda_t^0 - \lambda_{t-1}^0 = -\dfrac{\partial H(t, x_t^0, u_t^0, \lambda_t^0)}{\partial x_t}, t = 0, 1, 2, \cdots, T-1$。

证明：这个问题除去边界条件，是 $2T-1$ 个函数向量——x_1, x_2, $\cdots$, x_{T-1}, u_0, u_1, $\cdots$, u_{T-1} 的条件极值问题。因此使用拉格朗日乘数 λ_t，构成拉格朗日函数。

$$L(x_1, x_2, \cdots, x_{T-1}, u_0, u_1, \cdots, u_{T-1}, \lambda_0, \lambda_1, \cdots, \lambda_{T-1})$$
$$= \sum_{t=0}^{T-1} f(t, x_t, u_t) + \lambda_t [g(t, x_t, u_t) - x_{t+1} + x_t]$$

设有最优解 (x_t^0, u_t^0), $t = 0, 1, 2, \cdots, T-1$。根据拉格朗日乘数法，应有：

$$\dfrac{\partial L}{\partial x_t} = 0, t = 0, 1, 2, \cdots, T-1 \tag{1}$$

$$\dfrac{\partial L}{\partial u_t} = 0, t = 0, 1, 2, \cdots, T-1. \tag{2}$$

由式（1），得到：

$$\dfrac{\partial L}{\partial x_t} = \dfrac{\partial f(t, x_t^0, u_t^0)}{\partial x_t} + \lambda_t^0 \dfrac{\partial g(t, x_t^0, u_t^0)}{\partial x_t} + \lambda_t^0 - \lambda_{t-1}^0 = 0$$

移项得到：

$$\lambda_t^0 - \lambda_{t-1}^0 = -\dfrac{\partial f(t, x_t^0, u_t^0)}{\partial x_t} - \lambda_t^0 \dfrac{\partial g(t, x_t^0, u_t^0)}{\partial x_t}$$
$$= -\dfrac{\partial}{\partial x_t}[f(t, x_t^0, u_t^0) + \lambda_t^0 g(t, x_t^0, u_t^0)]$$

由哈密尔顿函数 $H(t,x_t,u_t,\lambda_t) = f(t,x_t,u_t) + \lambda_t g(t,x_t,u_t)$，上式可写成：

$$\lambda_t^0 - \lambda_{t-1}^0 = -\frac{\partial H(t,x_t^0,u_t^0,\lambda_t^0)}{\partial x_t}, t = 0,1,2,\cdots,T-1$$

由式（2），得到：

$$\frac{\partial L}{\partial u_t} = \frac{\partial}{\partial u_t}[f(t,x_t^0,u_t^0) + \lambda_t^0 g(t,x_t^0,u_t^0)] = \frac{\partial H(t,x_t^0,u_t^0,\lambda_t^0)}{\partial u_t} = 0$$

由限制条件 $x_{t+1}^0 - x_t^0 = g(t, x_t^0, u_t^0)$，得到：

$$x_{t+1}^0 - x_t^0 = \frac{\partial H(t,x_t^0,u_t^0,\lambda_t^0)}{\partial \lambda_t}, t = 0,1,2,\cdots,T-1$$

接下来研究最大原理的充分性。

定理 8 以上的哈密尔顿函数 $H(t,x_t,u_t,\lambda_t)$ 关于 x_t 和 u_t 是凹的，对于可行解 (x_t^0,u_t^0)，若存在满足定理 7 的前三个条件的 λ_t^0，则 x_t^0 与 u_t^0 为最优解。

证明：设对于 x_t^0 与 u_t^0 来说，存在满足定理 7 前三个条件的 λ_t^0。取任意的可行解 x_t、u_t，对于这个解，$x_{t+1} - x_t = g(t,x_t,u_t), t = 0, 1, 2, \cdots, T-1$ 成立，对于 λ_t^0，$\lambda_t^0[g(t,x_t,u_t) - (x_{t+1} - x_t)] = 0$ 成立。因而，目标函数为：

$$\sum_{t=0}^{T-1} f(t,x_t,u_t) = \sum_{t=0}^{T-1} \{f(t,x_t,u_t) + \lambda_t^0[g(t,x_t,u_t) - (x_{t+1} - x_t)]\}$$

$$= \sum_{t=0}^{T-1} [H(t,x_t,u_t,\lambda_t^0) - \lambda_t^0(x_{t+1} - x_t)]$$

$$= \sum_{t=0}^{T-1} H(t,x_t,u_t,\lambda_t^0) - \sum_{t=0}^{T-1} \lambda_t^0(x_{t+1} - x_t)$$

考虑

$$\sum_{t=0}^{T-1} \lambda_t^0 (x_{t+1} - x_t) = \sum_{t=0}^{T-1} (\lambda_{t+1}^0 x_{t+1} - \lambda_t^0 x_t) - \sum_{t=0}^{T-1} (\lambda_{t+1}^0 - \lambda_t^0) x_{t+1}$$

$$= \lambda_T^0 x_T - \lambda_0^0 x_0 - \sum_{t=0}^{T-1} (\lambda_{t+1}^0 - \lambda_t^0) x_{t+1}$$

由 $x_0 = a$, $x_T = b$, 得到:

$$\sum_{t=0}^{T-1} f(t, x_t, u_t) = \sum_{t=0}^{T-1} H(t, x_t, u_t, \lambda_t^0)$$

$$+ \sum_{t=0}^{T-1} (\lambda_{t+1}^0 - \lambda_t^0) x_{t+1} - \lambda_T^0 b + \lambda_0^0 a$$

$$= \sum_{t=0}^{T-1} [H(t, x_t, u_t, \lambda_t^0) + (\lambda_{t+1}^0 - \lambda_t^0) x_{t+1}] - \lambda_T^0 b + \lambda_0^0 a$$

$$\sum_{t=0}^{T-1} f(t, x_t, u_t) - \sum_{t=0}^{T-1} f(t, x_t^0, u_t^0)$$

$$= \sum_{t=0}^{T-1} \{[H(t, x_t, u_t, \lambda_t^0) + (\lambda_{t+1}^0 - \lambda_t^0) x_{t+1}] - H(t, x_t^0, u_t^0, \lambda_t^0) - (\lambda_{t+1}^0 - \lambda_t^0) x_{t+1}^0\}$$

$$= \sum_{t=0}^{T-1} \{[H(t, x_t, u_t, \lambda_t^0) - H(t, x_t^0, u_t^0, \lambda_t^0)] + (\lambda_{t+1}^0 - \lambda_t^0)(x_{t+1} - x_{t+1}^0)\}$$

由 $x_T = x_T^0 = b$, 得到:

$$(\lambda_T^0 - \lambda_{T-1}^0)(x_T - x_T^0) = 0$$

这样,可得:

$$\sum_{t=0}^{T-1} (\lambda_{t+1}^0 - \lambda_t^0)(x_{t+1} - x_{t+1}^0) = \sum_{t=1}^{T-1} (\lambda_t^0 - \lambda_{t-1}^0)(x_t - x_t^0)$$

所以,

$$\sum_{t=0}^{T-1} f(t, x_t, u_t) - \sum_{t=0}^{T-1} f(t, x_t^0, u_t^0)$$

$$= \sum_{t=0}^{T-1} \left[H(t,x_t,u_t,\lambda_t^0) - H(t,x_t^0,u_t^0,\lambda_t^0) \right] + \sum_{t=1}^{T-1} (\lambda_t^0 - \lambda_{t-1}^0)(x_t - x_t^0)$$

$$\leqslant \sum_{t=0}^{T-1} \left[\frac{\partial H}{\partial x_t}(x_t - x_t^0) + \frac{\partial H}{\partial u_t}(u_t - u_t^0) \right] + \sum_{t=1}^{T-1} (\lambda_t^0 - \lambda_{t-1}^0)(x_t - x_t^0)$$

$$= \sum_{t=1}^{T-1} \left[\frac{\partial H}{\partial x_t} + (\lambda_t^0 - \lambda_{t-1}^0) \right](x_t - x_t^0) + \sum_{t=0}^{T-1} \frac{\partial H}{\partial u_t}(u_t - u_t^0) + \frac{\partial H}{\partial x_0}(x_0 - x_0^0)$$

由于 $x_0 = x_0^0 = a$, 最后一项为 0。根据定理 7 条件（3），第一项为 0, 由定理 7 条件（1），第二项为 0。因而，

$$\sum_{t=0}^{T-1} f(t,x_t,u_t) - \sum_{t=0}^{T-1} f(t,x_t^0,u_t^0) \leqslant 0$$

即

$$\sum_{t=0}^{T-1} f(t,x_t,u_t) \leqslant \sum_{t=0}^{T-1} f(t,x_t^0,u_t^0)$$

当 T 是无穷大时，考虑

$$\sum_{t=0}^{T} f(t,x_t,u_t)$$

$$= \sum_{t=0}^{T} f(t,x_t,u_t) + \sum_{t=0}^{T} \lambda_t^0 [g(t,x_t,u_t) - (x_{t+1} - x_t)]$$

$$= \sum_{t=0}^{T} [f(t,x_t,u_t) + \lambda_t^0 g(t,x_t,u_t)] - \sum_{t=0}^{T} \lambda_t^0(x_{t+1} - x_t)$$

$$= \sum_{t=0}^{T} H(t,x_t,u_t,\lambda_t^0) - \sum_{t=0}^{T} \lambda_t^0(x_{t+1} - x_t)$$

而

$$\sum_{t=0}^{T} \lambda_t^0(x_{t+1} - x_t) = \lambda_0^0(x_1 - x_0) + \lambda_1^0(x_2 - x_1)$$

$$+ \lambda_2^0(x_3 - x_2) + \cdots + \lambda_T^0(x_{T+1} - x_T)$$

$$= -(\lambda_1^0 - \lambda_0^0)x_1 - (\lambda_2^0 - \lambda_1^0)x_2 - (\lambda_3^0 - \lambda_2^0)x_3 - \cdots$$
$$- (\lambda_T^0 - \lambda_{T-1}^0)x_T - \lambda_0^0 x_0 + \beta^T \lambda_T^0 x_{T+1}$$
$$= -\sum_{t=0}^{T-1} (\lambda_{t+1}^0 - \lambda_t^0)x_{t+1} - \lambda_0^0 x_0 + \beta^T \lambda_T^0 x_{T+1}$$
$$= -\sum_{t=1}^{T} (\lambda_t^0 - \lambda_{t-1}^0)x_t - \lambda_0^0 x_0 + \beta^T \lambda_T^0 x_{T+1}$$

$$\sum_{t=0}^{T} f(t, x_t, u_t) = \sum_{t=0}^{T} H(t, x_t, u_t, \lambda_t^0) - \sum_{t=0}^{T} \lambda_t^0 (x_{t+1} - x_t)$$
$$= \sum_{t=0}^{T} H(t, x_t, u_t, \lambda_t^0) + \sum_{t=0}^{T-1} (\lambda_{t+1}^0 - \lambda_t^0) x_{t+1}$$
$$+ \lambda_0^0 x_0 - \beta^T \lambda_T^0 x_{T+1}$$

这样，对任意 T 都有：

$$\sum_{t=0}^{T} f(t, x_t, u_t) - \sum_{t=0}^{T} f(t, x_t^0, u_t^0)$$
$$= \sum_{t=0}^{T} [H(t, x_t, u_t, \lambda_t^0) - H(t, x_t^0, u_t^0, \lambda_t^0)]$$
$$+ \sum_{t=1}^{T} (\lambda_t^0 - \lambda_{t-1}^0)(x_t - x_t^0) - \beta^T \lambda_T^0 (x_{T+1} - x_{T+1}^0)$$
$$\leq \sum_{t=0}^{T} \left[\frac{\partial H(t, x_t^0, u_t^0, \lambda_t^0)}{\partial u}(u_t - u_t^0) + \frac{\partial H(t, x_t^0, u_t^0, \lambda_t^0)}{\partial x}(x_t - x_t^0) \right]$$
$$+ \sum_{t=1}^{T} (\lambda_t^0 - \lambda_{t-1}^0)(x_t - x_t^0) - \beta^T \lambda_T^0 (x_{T+1} - x_{T+1}^0)$$

由 $\dfrac{\partial H(t, x_t^0, u_t^0, \lambda_t^0)}{\partial u} = 0$ 及 $x_0 = x_0^0$，可知上式可变为：

$$\sum_{t=1}^{T} \left[\frac{\partial H(t, x_t^0, u_t^0, \lambda_t^0)}{\partial x} + (\lambda_t^0 - \lambda_{t-1}^0) \right] (x_t - x_t^0) - \beta^T \lambda_T^0 (x_{T+1} - x_{T+1}^0)$$

由于

$$\lambda_t^0 - \lambda_{t-1}^0 = -\frac{\partial H}{\partial x}(t, u_t^0, x_t^0, \lambda_t^0)$$

第一项为 0，而对于第二项，若

$$\lim_{T\to\infty} \beta^T \lambda_T^0 x_{T+1}^0 = 0$$

则有：

$$\lim_{T\to\infty}\left[\sum_{t=0}^{T} f(t, x_t, u_t) - \sum_{t=0}^{T} f(t, x_t^0, u_t^0)\right]$$

$$\leqslant \lim_{T\to\infty}(-\beta^T \lambda_0^T x_{T+1}) \leqslant 0$$

因而，$\{x_t^0\}_{t=1}^{\infty}$ 是这个问题的最优解。

当目标函数为 $\sum_{t=0}^{\infty} \beta^t f(t, x_t, u_t)$ 时，令

$$H = \beta^t f(t, u_t, x_t) + \beta^t \lambda_t g(t, u_t, x_t)$$

当 $\{(\lambda_t^0, u_t^0, x_t^0)\}_{t=0}^{\infty}$ 满足 $\frac{\partial H}{\partial u} = 0, \beta\lambda_t - \lambda_{t-1} = -\frac{\partial H}{\partial x}$ 时，$\{(u_t^0, x_t^0)\}_{t=0}^{\infty}$ 是最优解。

由拉格朗日函数，得：

$$L = \sum_{t=0}^{T-1} \beta^t f(t, u_t, x_t) + \sum_{t=0}^{T-1} \beta^t \lambda_t [g(t, u_t, x_t) + x_t - x_{t+1}]$$

由最优化条件 $\frac{\partial L}{\partial u} = 0, \frac{\partial L}{\partial x} = 0$，得到：

$$\frac{\partial H}{\partial u_t} = 0 \qquad (1-3)$$

$$\beta^t \frac{\partial f}{\partial x_t} + \beta^t \lambda_t \frac{\partial g}{\partial x_t} + \beta^t \lambda_t - \beta^{t-1} \lambda_{t-1} = 0$$

由后一式得到：

$$\beta^t \lambda_t - \beta^{t-1} \lambda_{t-1} = -\frac{\partial H}{\partial x_t} \tag{4}$$

我们可以得到以下定理。

定理 9　若满足公式（3）、（4），且 $\lim_{T \to \infty} \beta^T \lambda_T^0 x_{T+1}^0 = 0$，则 $\{(u_t^0, x_t^0)\}_{t=0}^{\infty}$ 为问题的最优解。

证明：$\sum_{t=0}^{T} \beta^t f(t, x_t, u_t)$

$= \sum_{t=0}^{T} \beta^t f(t, x_t, u_t) + \sum_{t=0}^{T} \beta^t \lambda_t^0 [g(t, x_t, u_t) - (x_{t+1} - x_t)]$

$= \sum_{t=0}^{T} \beta^t [f(t, x_t, u_t) + \lambda_t^0 g(t, x_t, u_t)] - \sum_{t=0}^{T} \beta^t \lambda_t^0 (x_{t+1} - x_t)$

$= \sum_{t=0}^{T} H(t, x_t, u_t, \lambda_t^0) - \sum_{t=0}^{T} \beta^t \lambda_t^0 (x_{t+1} - x_t)$

而

$\sum_{t=0}^{T} \beta^t \lambda_t^0 (x_{t+1} - x_t) = \lambda_0^0 (x_1 - x_0) + \beta \lambda_1^0 (x_2 - x_1)$

$\qquad + \beta^2 \lambda_2^0 (x_3 - x_2) + \cdots + \beta^T \lambda_T^0 (x_{T+1} - x_T)$

$\qquad = -(\beta \lambda_1^0 - \lambda_0^0) x_1 - \beta(\beta \lambda_2^0 - \lambda_1^0) x_2$

$\qquad \quad - \beta^2 (\beta \lambda_3^0 - \lambda_2^0) x_3 - \cdots$

$\qquad \quad - \beta^{T-1} (\beta \lambda_T^0 - \lambda_{T-1}^0) x_T - \lambda_0^0 x_0 + \beta^T \lambda_T^0 x_{T+1}$

$\qquad = -\sum_{t=0}^{T-1} \beta^t (\beta \lambda_{t+1}^0 - \lambda_t^0) x_{t+1} - \lambda_0^0 x_0 + \beta^T \lambda_T^0 x_{T+1}$

这样，可得：

$$\sum_{t=0}^{T} \beta^t f(t, x_t, u_t) = \sum_{t=0}^{T} H(t, x_t, u_t, \lambda_t^0)$$

$$+ \sum_{t=0}^{T-1} \beta^t(\beta\lambda_{t+1}^0 - \lambda_t^0)x_{t+1} + \lambda_0^0 x_0 - \beta^T\lambda_T^0 x_{T+1}$$

而

$$\sum_{t=0}^{T} \beta^t f(t, x_t, u_t) - \sum_{t=0}^{T} \beta^t f(t, x_t^0, u_t^0)$$

$$= \sum_{t=0}^{T} [H(t, u_t, x_t, \lambda_t^0) - H(t, u_t^0, x_t^0, \lambda_t^0)]$$

$$+ \sum_{t=0}^{T-1} \beta^t(\beta\lambda_{t+1}^0 - \lambda_t^0)(x_{t+1} - x_{t+1}^0) - \beta^T\lambda_T^0(x_{T+1} - x_{t+1}^0)$$

$$\leq \sum_{t=0}^{T-1} \left[\frac{\partial H}{\partial u_t}(u_t - u_t^0) + \frac{\partial H}{\partial x_t}(x_t - x_t^0) \right]$$

$$+ \sum_{t=0}^{T-1} \beta^t(\beta\lambda_{t+1}^0 - \lambda_t^0)(x_{t+1} - x_{t+1}^0) - \beta^T\lambda_T^0(x_{T+1} - x_{t+1}^0)$$

$$= \sum_{t=0}^{T-1} \left[\frac{\partial H}{\partial u_t}(u_t - u_t^0) + \frac{\partial H}{\partial x_t}(x_t - x_t^0) \right]$$

$$+ \sum_{t=1}^{T} \beta^{t-1}(\beta\lambda_t^0 - \lambda_{t-1}^0)(x_t - x_t^0) - \beta^T\lambda_T^0(x_{T+1} - x_{t+1}^0)$$

由于 $\frac{\partial H}{\partial u_t} = 0$，上式变为：

$$\sum_{t=0}^{T} \frac{\partial H}{\partial x_t}(x_t - x_t^0) + \sum_{t=1}^{T} \beta^{t-1}(\beta\lambda_t^0 - \lambda_{t-1}^0)(x_t - x_t^0) - \beta^T\lambda_T^0(x_{T+1} - x_{t+1}^0)$$

$$= \sum_{t=1}^{T} \frac{\partial H}{\partial x_t}(x_t - x_t^0) + \sum_{t=1}^{T} \beta^{t-1}(\beta\lambda_t^0 - \lambda_{t-1}^0)(x_t - x_t^0) - \beta^T\lambda_T^0(x_{T+1} - x_{t+1}^0)$$

$$= \sum_{t=1}^{T} \left[\frac{\partial H}{\partial x_t} + (\beta^t\lambda_t^0 - \beta^{t-1}\lambda_{t-1}^0) \right](x_t - x_t^0) - \beta^T\lambda_T^0(x_{T+1} - x_{t+1}^0)$$

$$= -\beta^T\lambda_T^0(x_{T+1} - x_{t+1}^0)$$

第一个等式成立是因为初始条件 $x_0 = x_0^0$。最后一个等式成立是因为公式（4）被满足。当 $\lim_{T\to\infty}\beta^T\lambda_T^0 X_{T+1}^0 = 0$ 时，会有：

$$\sum_{t=0}^{T}\beta^t f(t,u_t,x_t) - \sum_{t=0}^{T}\beta^t f(t,u_t^0,x_t^0) \leq 0$$

上式对任意大的 T 都成立。

因而，$\{(u_t^0,x_t^0)\}_{t=0}^{\infty}$ 为这一问题的最优解。

参考文献

Aloso – Carrera J., J. Caballe and X. Raurich, "Growth, Habit Formation, and Catching – up with the Joneses," *European Economic Review*, Vol. 49, 2005.

Benhabib J., and R. Farmer, "Indeterminacy and Increasing Returns," *Journal of Economic Theory*, Vol. 63, 1994.

Benhabib J., and R. Farmer, "Indeterminacy and Sector – Specific Externalities," Mimeographed, 1996.

Benhabib J., Meng and K. Nishimura, "Indeterminacy under Constant Returns to Scale in Multi – Sector Economics," *Econometrica*, Vol. 68, No. 6, 2000.

Benhabib J., and R. Perli, "Uniqueness and Indeterminacy: On the Dynamics and Endogenous Growth," *Journal of Economic Theory*, Vol. 63, 1994.

Benhabib J., R. Perli and Xie, "Monopolistic Competition, Indeterminacy and Growth," *Ricerche Economiche*, Vol. 48, 1994.

Benhabib J., and A. Rustichini, "Introduction to Symposium on Growth, Fluctuations, and Sunspots: Confronting the Data," *Journal of Economic Theory*, Vol. 63, 1994.

Bennet, R., and R. Farmer, "Indeterminacy with Non-separable Utility," *Journal of Economic Theory*, Vol. 93, 2000.

Bond E., Ping Wang and C. Yip, " A General Two-Sector Model of Endogenous Growth with Human and Physical Capital: Balanced Growth and Transitional Dynamics," *Journal of Economic Theory*, Vol. 68, 1996.

Boldrin M., and A. Rustichini, " Growth and Indeterminacy in Dynamic Models with Externalities," *Econometrica*, Vol. 62, No. 2, 1994.

Cass D. and K. Shell, "Do Sunspots matter?" *The Journal of Political Economy*, Vol. 91, 1983.

Dixit A., and J. Stiglitz, "Monopolistic Competition and Optimum Product Diversity," *American Economic Review*, Vol. 67, 1977.

Ghiglino G., " Introduction to a General Equilibrium Approach to Economic Growth," *Journal of Economic Theory*, Vol. 105, 2002.

Greenwood J., Z. Hercowitz and G. Huffman, "The Role of Investment-Specific Technological Change in the Business Cycle," *American Economic Review*, Vol. 44, 1988.

Hintermaier T., " On the Minimum Degree of Returns to Scale in Sunspot Models of the Business Cycle," *Journal of Economic Theory*, Vol. 110, 2003.

Jaimorvich N., and S. Rebelo, " Can News about the Future Drive the Business Cycle?" *American Economic Review*, Vol. 99, 2009.

Jaimovich N., "Income Effects and Indeterminacy in a Calibrated One-sector Growth Model," *Journal of Economic Theory*, Vol. 143, 2008.

Kehoe T., D. K. Levine and P. M. Romer, "On Characterizing Equilibria of Economies with Externalities and Taxes as Solutions to Optimization Problems," *Economic Theory*, Vol. 2, 1992.

King R., C. Plosser and S. Rebelo, "Production, Growth and Business Cycles: the Basic Neoclassical Model," *Journal of Monetary Economics*, Vol. 21, 1988.

Lucas R. E., "On the Mechanics of Economic Development," *Journal of Monetary Economics*, Vol. 22, 1988.

Meng and A. Velasco, "Indeterminacy in a Small Open Economy with Endogenous Labor Supply," *Economic Theory*, Vol 22, 2003.

Nakajima T., "Unemployment and Indeterminacy," *Journal of Economic Theory*, Vol. 126, 2006.

Nourry C., T. Seegmuller and A. Venditti, "Aggregate Instability under Balanced-budget Consumption Taxes: A Re-examination," *Journal of Economic Theory*, Vol. 148, 2013.

Romer P. M., "Increasing Returns and Long-Run Growth," *Journal of Political Economy*, Vol. 94, No. 5, 1986.

Xie Danyang, "Divergence in Economic Performance: Transitional Dynamics with Multiple Equilibria," *Journal of Economic Theory*, Vol. 63, 1994.

Giannitsarou M., "Balanced Budget Rules and Aggregate Instability: The Role of Consumption Taxes," *Economic Journal*, Vol. 117, 2007.

图书在版编目(CIP)数据

宏观经济学动态模型的不决定性 / 齐玲著. -- 北京：社会科学文献出版社，2017.6
ISBN 978-7-5201-0936-9

Ⅰ.①宏… Ⅱ.①齐… Ⅲ.①宏观经济学-动态模型-研究 Ⅳ.①F015

中国版本图书馆 CIP 数据核字（2017）第 136890 号

宏观经济学动态模型的不决定性

著　　者 / 齐　玲

出 版 人 / 谢寿光
项目统筹 / 高　雁
责任编辑 / 冯咏梅　吴　鑫

出　　版 / 社会科学文献出版社·经济与管理分社（010）59367226
　　　　　　地址：北京市北三环中路甲29号院华龙大厦　邮编：100029
　　　　　　网址：www.ssap.com.cn
发　　行 / 市场营销中心（010）59367081　59367018
印　　装 / 三河市尚艺印装有限公司

规　　格 / 开　本：787mm×1092mm　1/16
　　　　　　印　张：11.25　字　数：126千字
版　　次 / 2017年6月第1版　2017年6月第1次印刷
书　　号 / ISBN 978-7-5201-0936-9
定　　价 / 69.00元

本书如有印装质量问题，请与读者服务中心（010-59367028）联系

▲ 版权所有 翻印必究